# Un Canal para Nicaragua.

## Geopolítica e intereses tras el debate.

Dager Aguilar Avilés.
Estados Unidos. 2015

Autor: Dager Aguilar Avilés
Edición y corrección: Dager Aguilar Avilés
Diseño interior y de cubierta: Dager Aguilar Avilés
Proyecto editorial Honoris-Europa (Polonia)

Diagramación: Dager Aguilar Avilés


Sobre la presente edición:
©Dager Aguilar Avilés, 2015

Estados Unidos. Con la colaboración de ediciones Honoris
Europa (proy.)
Un Canal para Nicaragua. Geopolítica e intereses tras el
debate
ISBN-13: 978-1519283283
ISBN-10: 1519283288

La publicación de este libro y su divulgación ha sido financiada por el proyecto Erasmus Mundus Action 2 de la Unión Europea.

3

## Del Autor:

Dager Aguilar Avilés: Ciudadano cubano residente en la ciudad de Varsovia, Polonia. Abogado, criminólogo, analista político latinoamericanista, académico y escritor. Ha impartido docencia y ha sido investigador asociado en universidades de Cuba, Italia y Polonia. Ha dirigido varios investigaciones de tesis de diploma y maestría. Ha publicado varios libros en Europa y Estados Unidos, así como numerosos artículos y ensayos en revistas especializadas en ciencias sociales y jurídicas en Europa y América Latina. Ha presentado ponencias en numerosos eventos científicos y recibido varios premios a lo largo de su carrera estudiantil y profesional.

# Agradecimientos

A muchas personas debo extenderles mis más sinceros agradecimientos por contribuir de una manera u otra a que esta obra se materialice en el libro que usted posee en sus manos. Mi familia, amigos y seres queridos que siempre me acompañan han sido testigos de horas de debates y reflexiones devenidas en largas noches, madrugadas y espectaculares alboradas. A ellos les reitero una vez más mi amor y agradecimientos. Quisiera aprovechar esta oportunidad para agradecer al programa Erasmus Fellow de la Universidad de Lisboa, Portugal, por el financiamiento de toda la investigación y facilitamiento de costes de viaje, alimentación y alojamiento durante el periodo de investigación y redacción de esta obra. En especial quisiera agradecer al Doctor Fernando Villagómez Porras, Economista, excelente escritor y académico latinoamericanista de la Universidad de Varsovia, Polonia, quien me impartió magistralmente los conocimientos necesarios sobre el contexto centroamericano como parte de sus cursos de postgrado en el Centro de Estudios Latinoamericanos de dicha Universidad. Al Dr. Villagómez debo la idea génesis de escribir un libro sobre algunos de los temas polémicos que hoy confronta Centroamérica. Sus doctrinas, experiencias y muchos consejos me sirvieron para comprender los diferentes pensamientos encudriñados tras el polémico proyecto interoceánico nicaraguense. Es por eso, que los agradecimientos al Dr Villagómez no pueden faltar en estas páginas. Por último quisiera agradecer al Señor. Włodzimierz Wielogórski, empresario polaco y agente literario quien ha contribuido en todo el proceso de edición y publicación de este libro. A todos ellos reitero una vez más mis agradecimientos. En especial le agradezco a usted, lector, por dar vida, mediante sus apreciaciones, a las letras de esta obra.

Dager Aguilar Avilés
Varsovia, Polonia. 12 de noviembre de 2015.

# Indice

# Introducción

Alguien dijo una vez que el destino no existe. Lo que llamamos destino no es más que una suerte, una consecuencia que se construyen los propios hombres en su actuar diario. Entonces, si realmente es así, tampoco la suerte existe y tanto el destino como la suerte misma la moldea cada cual según sus acciones cotidianas y sus necesidades. Se dice, por consiguiente, que los pueblos tienen el destino que sus pobladores han construido como comunidad de destinos individuales. Entonces, qué puede ser el destino de un pueblo sino ese futuro que construimos desde el presente? En el caso del pueblo nicaraguense no considero que estén destinados a tener un canal interoceánico por orden divina o azar natural. Tampoco considero que se trata de lo que muchos llaman "un sueño nacional", al menos en estos momentos. Nicaragua tendrá su canal interoceánico simplemente porque han entendido, como nación, que es una necesidad, una motivación, un interés y las condiciones están creadas para satisfacerla. Los nicaraguenses han comprendido que su llamado "destino" no bajará del cielo sino lo construyen desde hoy. La existencia de un canal interoceánico puede abrir muchas puertas a los nicaraguenses que la misma Historia una y otra vez les ha cerrado. Corresponde a los nicaraguenses determinar si quieren construir ellos mismos ese destino o prefieren que otros lo sigan construyendo por

9

ellos como ha ocurrido históricamente. Es precisamente eso lo que no perdonan los enemigos del pueblo nicaraguense: que uno de los países más atrazado de Centroamérica, y quizás de América Latina, despierte y tome las riendas de su destino por sus propias manos. Tampoco se perdonan ellos los avances sociales que se viene experimentando en ese país. Corresponde a los nicaraguenses el debate y la determinación del destino del nuevo proyecto nacional mediante los canales participativos y democráticos establecidos por las leyes nacionales. En el logro de esa misión influirá grandemente la debida transparencia para con el pueblo con la que el gobierno de Daniel Ortega gestione el desarrollo del Gran Canal de Nicaragua.

Hace mucho tiempo que este proyecto ha dejado de ser un sueño para empezar a materializarse. Hoy es una realidad que ha removido las células de cada fibra del poder conservador latinoamericano que se opone al desarrollo de un proyecto que significará en un futuro un beneficio insoslayable para los nicaraguenses. No cabe dudas que lo que ayer fue un sueño hoy es un proyecto de seguridad nacional.

Detrás de este proyecto se juegan grandes intereses geopolíticos regionales y hasta mundiales. El gran Canal de Nicaragua dividirá el globo terráqueo en cuatro zonas de comercio y ubicará al país en el centro de comunicación marítima y estratégico militar mundial. Esta trascendencia es lo que motiva a que los ojos del mundo entero se posen sobre este pequeño Estado y se agiten todas las fuerzas posibles en aras de contribuir u obstaculizar el desarrollo de esta obra según los intereses que se persigan.

La obra que usted tiene en sus manos ha sido concebida con el propósito de exponer y reflexionar sobre los verdaderos elementos, factores y circunstancias que motivan a China y a Nicaragua a concertar los acuerdos para este nuevo proyecto. ¿Por qué tuvo que ser China el patrocinador de esta obra? ¿Por qué invertir en Nicaragua y no en Panamá si en el último caso sería mucho más económico y rápido? ¿Cuáles son los verdaderos intereses y posturas de Costa Rica, Panamá y Colombia? ¿Cómo han influido lo bloques políticos regionales en el debate sobre la idoneidad del canal nicaraguense? ¿ Cómo ha influido este proyecto en el escenario geopolítico latinoamericano?¿Por qué Estados Unidos no ha tomado cartas directamente en el debate sobre el Canal de Nicaragua? ¿Qué significa la presencia rusa entorno al canal nicaraguense? ¿Cuál es la verdadera esencia y motivación de este nuevo proyecto? ¿Realmente a qué estrategia responde este megaproyecto? ¿Qué vendrá después?

Como resulta evidente, son más las preguntas que respuestas respecto a este megaproyecto. Manejo la teoría de que muchos medios de comunicación han desviado la atención respecto al verdadero motivo de este proyecto en un primer momento; en un segundo momento han tratado de silenciar todo cuanto se pueda al respecto. ¿A qué se debe tal actitud? La respuesta a esta y las anteriores interrogantes las encontrará en las páginas de esta obra. También encontrará en ellas todos los datos y detalles respecto al proyecto y las fundamentaciones jurídicas y políticas de su constitución.

En medio de todo esto está el pueblo nicaraguense, aturdido, dudoso de qué camino seguir. El pueblo nicaraguense ha devenido en objeto de un bombardeo mediático que busca simplemente crear esa duda y distorsionar el sentido que debe tener el debate interno en la nación. Los medios privados han intentado en muchas ocasiones desviar dicho debate sobre la base de cuestionar la idoneidad del gobierno para administrar el país y así dar fuerza popular a la oposición política nicaraguense, cuando en verdad toda reflexión debe ir enfocada a cómo en la medida que el gobierno desarrolla el proyecto desarrollará los mecanismos democráticos de control popular e información transparente y veraz al pueblo.

La presente obra simplemente intenta brindar al lector herramientas para enriquecer su debate y conocer la verdad de los intereses que se religan detrás del megaproyecto chino-nicaraguense. Le corresponde a usted, lector, determinar el camino a seguir. Si así podemos brindarle un poco de certeza y claridad en su postura respecto a tan polémico tema entonces nuestros objetivos estarán cumplidos. Al final serán los propios nicaraguenses quienes tendrán la última palabra.

# Capítulo I: Contexto Histórico del Canal interoceánico de Nicaragua.

Sumario: 1. Desde un sueño a la realidad: Devenir Histórico y sociopolítico del ideario nacional sobre el canal de Nicaragua. 2. Causalidad Histórica del Canal Interoceánico: Sueño o necesidad. 3. Características del proyecto interoceánico de Nicaragua. 4. El debate entorno al canal nicaraguense.

# 1. Desde un sueño a la realidad: Devenir Histórico y sociopolítico del ideario nacional sobre el canal de Nicaragua.

En más de una ocasión seguramente hemos oído hablar del proyecto del canal interoceánico de Nicaragua. Este controversial proyecto sin duda algunas ha cambiado el juego geopolítico y el puzle de fuerzas ideológicas en la región centroamericana y caribeña. Aunque no lo parezca, este sueño nacional no es reciente, pues desde hace mucho tiempo ya existían evidencias del deseo de los nicaragüenses y previamente de sus conquistadores por ser los anfitriones y propietarios de un proyecto tan magnánime y jugoso como lo es un canal interoceánico.

Sobre las primeras manifestaciones exactas de este sueño nacional poco se ha escrito y mucho se especula; de lo que no cabe dudas es de que desde hace varios siglos esta pretensión está latente en los nicaragüenses y sus otrora colonizadores.

Se dice que en 1513, Vasco Núñez de Balboa, tras cruzar el Istmo de Panamá y divisar el océano Pacífico, informa al Rey Carlos V de su descubrimiento, sugiriéndole la posibilidad de conectar ambos océanos a través de un canal. El rey de España, interesado en la idea propuesta, ordenó que se hicieran los levantamientos de una posible ruta, siempre con la idea de poder organizar mejor su comercio con el lejano Oriente. Sin embargo, al final del reconocimiento y levantamiento de la ruta, Balboa llegó a la conclusión de que sería imposible para cualquiera ejecutar tal hazaña y se desistió de la idea del proyecto. Ya hacia 1529 los primeros conquistadores de América Central buscaban un paso marítimo hacia el pacífico. Alonso Calero, luego de recorrer el itsmo de Nicaragua, abrazó la idea de construir un canal interoceánico.[1] En su momento, el mismo Carlos IV, entonces Rey de España, también había hecho mención de su deseo de que lo que es hoy Nicaragua fuera sede de un Canal marítimo.[2] También Felipe II, sucesor de Carlos V, envió una cuadrilla de ingenieros a localizar la ruta por Nicaragua en 1567, pero al igual que por Panamá, los informes concluyeron que sería una hazaña difícil de lograr.[3] De esta manera se fue entretejiendo en la conciencia social de los criollos, devenidos después en nicaraguenses independientes, el sueño e ideal de que un proyecto de tal embergadura formaba parte del destino histórico de la nación y que solamente así se podría evolucionar hacia una sociedad cosmopólita y

---

[1] VOLKER WÜNDERICH: Ponencia en el coloquio de la Red Europea de Investigaciones sobre Centroamérica (RedISCA) en Berna, Suiza, 15-16 de noviembre, 2013. El texto fue completado con algunas informaciones actualizadas.
[2] Instituto de Historia de Nicaragua y Centroamérica [IHNCA], 1998, pp.1,3 y 2 citado por VOLKER WÜNDERICH en *El nuevo proyecto del Gran Canal en Nicaragua: más pesadilla que sueño*. En revista *Encuentro* No 97. 2014. P. 24-35.
[3] Informe de la comisión de trabajo del Gran Canal. Perfil del Proyecto Agosto de 2006. Anexo I.

ser la capital del comercio marítimo regional. Esta idea alcanzó su máximo esplendor entre 1838 y 1909.[4] Un ejemplo lo constituye el hecho de que el emperador Luis Napoleón III, 60 años antes de que resurgiera la idea del canal por Panamá, narró en sus memorias, en 1844, lo siguiente: *"me interesé mucho por primera vez en el proyecto de unir los Océanos Atlántico y Pacífico mediante un canal, y llegué a la conclusión de que la mejor vía para realizar esta obra es por Nicaragua"*.[5] El primer reconocimiento parcial, ordenado por el Presidente de la Federación Centroamericana, estuvo a cargo del ingeniero inglés John Baily, en 1838-1842. Posteriormente se realizó la primera investigación completa para localizar una ruta a través de Nicaragua por parte del Coronel O. M. Childs, entre 1850 y 1852, a solicitud de la Compañía del Tránsito y en 1872, el gobierno de los Estados Unidos de América organizó, bajo la dirección del comandante Lull, un grupo de estudio para examinar la ruta sugerida por el Coronel Childs.[6] Ya en 1889 y 1901, la Comisión del Canal Istmico encabezada por el Almirante retirado de la Marina de los Estados Unidos de América, John G. Walker, recibió el encargo de dicho Gobierno de llevar a cabo una investigación de las rutas por Nicaragua y

---

[4] KINLOCH TIJERINO, F.: (1994). *El Canal Interoceánico en el Imaginario Nacional. Nicaragua, Siglo XIX*. Taller de Historia, (6). Managua: IHNCA.
[5] Informe de la comisión de trabajo del Gran Canal. Perfil del Proyecto Agosto de 2006. Anexo I.
[6] *Ibídem.*

Panamá para determinar cuál era la más práctica y factible. Igualmente, se le solicitó estimar el costo y determinar que tratados se requerirían.[7]

La primera fustración de los nicaraguenses aconteció en pleno siglo XIX cuando el congreso norteamericano afirmó sorpresivamente su decisión de iniciar el proyecto de un canal interoceánico en Panamá. Tras este revés, los nicaraguenses, lidereados entonces por Jose Antonio Zelaya López( quien dimitió y partió al exilio a finales de la primera década del siglo XX), procuraron obtener financiamiento y apoyo de Japón y Alemania, pero todos los intentos fueron inútiles.[8] De lo que no cupo dudas es que todos los presidentes que le sucedieron tuvieron que, de alguna forma u otra, considerar el sueño nacional de un canal interoceánico como un proyecto supremo que les garantizaría el prestigio y la permanencia política producto de un incremento abismador de la popularidad entre los nicaraguenses, de así lograrlo. Lo que sí fue evidente desde entonces es que la oligarquía nicaraguense convirtió este sueño en una meta de desarrollo y a

---

[7] *Ibídem.*
[8] Se dice que fue la fallida diplomacia de Zelaya la que intensivó su impopularidad y aceleró su caída en 1909 siendo sustituido interinamente por José Madriz Rodriguez el 21 de diciembre de 1909.

pesar de las fustraciones históricas sufridas nunca abandonaron este ideal.[9]

Una vez concluido el canal de Panamá entraba en el juego un tercer elemento, la geopolítica norteamericana que hasta ese entonces estaba disfraszada de un mero interés económico. Ahora el discurso de los Estados Unidos además de económico incluía temas de seguridad nacional. Esta situación planteaba la necesidad de que no se construyera otro canal en Centroamérica que hiciera competencia al canal panameño, por lo que se implementaron una serie de medidas al respecto. Con todo esto queremos decir que el sueño inocente de un canal interoceánico en Nicaragua ahora se convertía también en un obstáculo para los intereses económicos y geopolíticos de Estados Unidos en la región. No es ilógico pensar entonces que la obstaculización de la realización de este sueño no obedeció solamente a razones económicas sino también geopolíticas. Lo cierto es que Estados Unidos necesitaba garantizar dos cosas: por un lado, asegurar que no se realizara ningún otro canal en Centroamérica que hiciera competencia al canal de Panamá, tal como ya hemos dicho anteriormente en esta obra, y; por otro lado, en caso de que por fuerza mayor no se pudiera evitar la construcción de dicho canal en Nicaragua, el mismo no debía caer en manos

---

[9] *Vid*: VOLKER WÜNDERICH: Ob. cit ( *El nuevo proyecto del gran canal de Nic...*)P. 26 y ss.

de una potencia extranjera, especialmente europea o de Japón. Así surge y se materializa la idea del Tratado Chamorro-Bryan en Washington en un momento en que Nicaragua se encontraba ocupada por marines norteamericanos.[10]

Conforme a este tratado el gobierno de Nicaragua concedía a los Estados Unidos los derechos exclusivos de uso, disfrute y disposición de un canal interoceánico construido por los norteamericanos bajo la condición de que el mismo estuviese en tierras nicaraguenses. Estados Unidos estaría libre del pago de tasas y cualquier forma de impuestos públicos y podía iniciar la construcción de la obra cuando lo estimara conveniente. En el segundo artículo del tratado se arrendaban por un periodo de 99 años las islas de great Corn Island y Little Corn Island, así como el derecho de establecer por igual periodo de tiempo una base naval en cualquier territorio nicaraguense preferido por el gobierno norteamericano. En cambio,

---

[10] Entre los años 1910 y 1926, los gobiernos de Estados Unidos y Nicaragua mantuvieron estrechas relaciones debido al accionar del Partido Conservador de Nicaragua, liderado por el entonces presidente Adolfo Díaz Recinos, Emiliano Chamorro Vargas (presidente entre 1917-1921 y nuevamente en 1926) y Diego Manuel Chamorro Bolaños (tío del anterior mandatario y presidente entre 1921-1923).
A cambio de concesiones políticas y territoriales del gobierno nicaragüense, Estados Unidos proporcionó una fuerza militar suficiente como para garantizar la estabilidad interna del país centroamericano. De esta manera el país norteamericano creo de *facto* un protectorado en Nicaragua.

Estados Unidos pagaría tres millones de pesos en oro cuñado de los Estados Unidos y depositado en el banco que estimara el gobierno nicaraguense. El naciente proyecto tuvo sus opositores. Así, Costa Rica y El Salvador recurrieron a la Corte Centroamericana de Justicia para demandar a Nicaragua. El primero de ellos, Costa Rica, alegaba que no había sido consultada por Nicaragua para suscribir el convenio, a pesar de que así lo disponían el tratado Cañas-Jerez de 1858 y Laudo-Cleveland de 1888. El Salvador, por su parte, reclamaba el condominio de las aguas del golfo de Fonseca. La Corte Centroamericana de Justicia sentenció a favor de Costa Rica y El Salvador en 1916 y 1917 respectivamente pero, a pesar de la fuerza jurisdiccional de esta corte, los nicaraguenses no admitieron siquiera a renunciar a su sueños y esperanzas de un canal propio y anunciaron no asumir ni reconocer el fallo de la corte y, consecuentemente, retiraron a sus magistrados de dicho tribunal. Esta vez los nicaraguenses estaban decididos a no dejar escapar el sueño nacional de un canal interoceánico, por lo que tales medidas gozaron de un mayoritario apoyo popular.

Como resulta evidente, el tratado concertado entre Estados Unidos y Nicaragua no fue más que una burbuja, un teatro idealizado por los norteños para entretener a los nicaraguenses en su búsqueda de un financiador o inversionista de un posible canal paralelo al de Panamá. La Historia *a posteriori* invitaba a la reflexión de que la construcción de ese canal nunca fue una intención del Congreso norteamericano. Lo que sí quedaba claro es que este tratado posibilitaba reforzar la seguridad militar del canal de Panamá y extender la presencia militar estadounidense en Centroamérica. Como parte de dicho teatro en 1929 y 1939 se presentaron misiones diplomáticas norteamericanas para hacer nuevos estudios de la ruta que llevaría el nuevo canal, pero, como siempre, no pasó de ser un estudio sin mayor embergadura. En el año 1979 triunfa la Revolución sandinista en Nicaragua y se inicia así un proceso de independización y consolidación de la soberanía nacional. [11] Nicaragua despertaba del engaño y juego norteamericano por lo que el gobierno sandinista se dio a la tarea de tomar el curso de esta pretensión nacional de manera objetiva y por sus propias manos. Fue así que en 1987 el gobierno sandinista de corte revolucionario retomó los estudios sobre el tema y encargó a una compañía japonesa el estudio discreto sobre la viabilidad idónea de un posible canal.[12] Al mismo tiempo se desarrolló todo un trabajo popular que culminó en la promulgación de una

---

[11] *Vid*: VILAS, CARLOS M.: *La Revolución sandinista*. Buenos Aires: Editorial Legasa, Argentina. 1984, p. 211.
[12] Al respecto *vid*: GARCIA DE POLAVIEJA, IGNACIO DUEÑAS: *Nicaragua en los umbrales del siglo XXI, a través de las fuentes orales* en Navegamérica, Revista electrónica de la asociación española de latinoamericanistas No 10, Cádiz, España. 2013. P. 2 y ss.

nueva Constitución democrática ese mismo año.[13] La posibilidad de futuras tentativas de realizar estudios prometedores para el anhelo nacional de un canal interoceánico se vio afectado, además de 10 años de una guerra que parecía interminable, por la victoria en las urnas de Violeta Barrios de Chamorro en 1990. Chamorro había construido su imagen pública como aquella mujer que traería la reivindicación de las libertades y, sobre todo, la paz. Se dice que fue por estas razones que aseguró su victoria ante Daniel Ortega quien en aquellos momentos aceptó su

---

[13] La Constitución de 1987 fue elaborada y promulgada desde la intención del Gobierno sandinista de institucionalizar el proceso de transformaciones sociales, en medio del conflicto armado de la contra. Las fuerzas no sandinistas que habían sido elegidas para la Asamblea también participaron en los debates de la elaboración. La carta magna, aún vigente, consagra el principio de soberanía popular, el sufragio universal y el pluralismo político, sin nombrar a ningún partido-guía. Consagra la división de poderes, prevé un Consejo Supremo Electoral y la Contraloría General de la República, encargada del control de las cuentas públicas. Otorga la autonomía a las comunidades de la Costa Atlántica. Garantiza los derechos individuales y la propiedad privada, dentro del marco de la economía mixta. Sin embargo, declaraba al ejército como Sandinista, y no aseguraba la independencia judicial, ya que los miembros de la Corte Suprema de Justicia serían nombrados por la Asamblea Nacional. (ALVAREZ ARGUELLO, GABRIEL Y VINTRÓ CASTELLS, JOAN. *Evolución constitucional y cambios institucionales en Nicaragua (1987-2007)*. En: MARTÍ I PUIG, SALVADOR Y CLOSE, DAVID (eds.). *Nicaragua y el FSLN. ¿Qué queda de la Revolución?* Barcelona: Ediciones Bellaterra, 2009, pp. 171- 73). Tomado de GARCÍA DE POLAVIEJA, IGNACIO DUEÑAS: ob. Cit. (*Nicaragua en los umbrales del siglo XXI.....*)Nota no 5 , P.2.

derrota[14] y la visitó para felicitarla y darle un abrazo.[15] Lo cierto es que en toda Nicaragua no se manifestó el júbilo por la victoria de Chamorro. Pareciera que los que votaron por ella estubiesen arrepentidos de tal error. Nicaragua vivió sumergida en gobiernos liberales los siguientes 16 años (1990-2006)[16] que agudizaron la situación precaria de su sociedad. No obstante, debemos destacar que con Arnoldo Alemán, quien gobernó el país entre 1997 y 2001, se intentó conformar un plan de desarrollo de una conexión interoceánica por vía ferroviaria, pero los constantes escándalos de corrupción de su gobierno y las acusaciones realizadas hacia él y su esposa por blanqueo de fondos y malversación impidieron el apoyo de empresarios, compañías extranjeras y hasta de la sociedad nicaraguense. El sueño de un canal interoceánico parecía haber desaparecido en los primeros años del siglo XXI. Ello se debe a que poco se hablaba del tema y es que Nicaragua atravesaba por momentos duros en toda la extensión de la palabra, por lo que la atención de los distintos

---

[14] CARDENAL, ERNESTO. *La Revolución perdida. Memorias, 3.* Editorial Trotta, Madrid, España. 2004, p.464.

[15] *La Prensa*. 27 de febrero de 1990, Biblioteca José Coronel Urtecho, Universidad Centroamericana de Managua. Nicaragua.

[16] Estos gobiernos estubieron encabezados por Violeta Chamorro (1990-1996), Arnoldo Alemán (1996-2001) y Enrique Bolaños (2001-2006). Al respecto vid: MARTÍ I PUIG, SALVADOR Y CLOSE, DAVID (eds). *Nicaragua y el FSLN (1979-2009). ¿Qué queda de la revolución?* Edicions Bellaterra, Barcelona, España. 2009, p. 21. Citado por GARCÍA DE POLAVIEJA, IGNACIO DUEÑAS: ob. Cit. (*Nicaragua en los umbrales del siglo XXI.....*).

gobiernos debía enfocarse en la solución de los problemas sociales más urgentes. Ya desde antes, entre 1990 y 1995, por ejemplo, los índices de pobreza, trabajo informal y el paro se dispararon notablemente, según estadísticas de la CEPAL en 1995.[17] En el año 2000 el gobierno de Arnoldo Alemán vendió la energía al grupo empresarial español FENOSA, lo cual provocó apagones de 12 horas diarias en el país para responder a las presiones del gobierno que los acusaba de morosidad.[18] De igual manera se vendió la empresa nacional de telecomunicaciones TELCOR a entes privados y el ferrocarril nacional fue desmantelado y vendido como chatarra.[19] La educación nacional también declinó considerablemente ya que se concedió en estos años de gobiernos liberales autonomías que permitieron a los colegios cobrar tasas entre 10 y 100 córdobas obligando a una parte considerable de los colegiales a abandonar las aulas.

---

[17] MARTÍ I PUIG, SALVADOR. *La Revolución enredada...* pp. 165-66. Citado por GARCÍA DE POLAVIEJA, IGNACIO DUEÑAS: ob. Cit. (*Nicaragua en los umbrales del siglo XXI.....*).
[18] Disponible en <http://www.quiendebeaquien.org/spip.php?article483>. Citado por García de Polavieja, Ignacio Due;as: ob. Cit. (*Nicaragua en los umbrales del siglo XXI.....*).
[19] Disponible en <http://elpolvorin.over-blog.es/article-nicaragua-asi-le-robaron-los-corruptos-alpueblo-44544821.html>. Citado por GARCÍA DE POLAVIEJA, IGNACIO DUEÑAS: ob. Cit. (*Nicaragua en los umbrales del siglo XXI.....*).

Hacia el 2007 el FSLN ocupa la dirección del país. Esta vez Daniel Ortega Saavedra sería por segunda ocasión el presidente de Nicaragua. En ese momento el proyecto nacional más urgente era el saneamiento social y económico de la propia sociedad, por lo que la idea de la construcción de un canal debía postergarse a un segundo orden de prioridad. Así surgen proyectos como "Hambre cero"[20], los "Bonos productivos"[21] y "Usura cero", entre otros. En el caso de *Usura cero* se le cobraba a los trabajadores por cuenta propia intereses por un 20% menos de lo que les cobraban los gobiernos anteriores.[22] Desde el año 2007 el sistema de reformas en Nicaragua se ha visto obstaculizado constantemente por el papel de la oposición interna y sus financiadores, pero a pesar de ello los avances eran innegables.

Como habíamos dicho anteriormente en este epígrafe, el tema del canal de Nicaragua siempre fue utilizado como señuelo para lograr el apoyo popular ante determinadas contiendas políticas. El pueblo

---

[20] El *Hambre Cero* ha conseguido en un año aproximadamente los siguientes logros: 30.709 familias beneficiadas, 16.000 mujeres organizadas, 20.000.000 de córdobas invertidas, 600 técnicos empleados, y generación de unos 35.000 empleos indirectos. (*El 19*, Nº 3, del 4 al 10 de Septiembre de 2008, p. 9)
[21] Vid: "La voz del sandinismo" obtenible en http://www.lavozdelsandinismo.com/?s=bono+productivo. Consultado el 7 de junio de 2015 a las 13:42pm.
[22] CALVO ESPINA, HERNANDO: *Las cuatro vidas del sandinismo en Nicaragua. Le Monde Diplomatique.* Edición en español. Ago. 2009, n. 16, p. 19.

nicaraguense nunca había renunciado a ese proyecto pero no confiaba en los gobiernos corruptos que daban falsas promesas y solo ocasionaban atrasos sociales. Tras las gestiones políticas de Daniel Ortega y sus resultados sociales el pueblo nicaraguense confió nuevamente en sus líderes políticos y ello se expresó en el apoyo contundente y aplastantemente mayoritario en su gestión gubernamental que lo llevó a una segunda reelección en 2012. Una vez alcanzada esta, y teniendo en cuenta el avance social de los nicaraguenses, el gobierno de Ortega estaba en condiciones de implementar una estrategia internacional que realzara la imagen degradada de los nicaraguenses en el mundo. La primera misión de este mandato era fundamentalmente devolverle la dignidad y prestigio internacional a Nicaragua. Así se fortalece el contacto con gobiernos afines como los del ALBA y el CARICOM para implementar políticas de cooperación y resolver el problema energético que tanto golpeaba a la tierra de Sandino. Gracias a la ayuda de los cubanos Nicaragua se declara el segundo país libre de analfabetismo en América Latina y avanza grandemente en materia de salubridad e indicadores sociales, pero con Venezuela disminuye significativamente la carencia de petróleo y gas en el país. La posición izquierdista del gobierno Nicaraguense le permite adoptar una postura crítica dentro de la región centroamericana y latina en general que llama la atención de potencias extranjeras como

Rusia, China y hasta Brasil como posibles aliados políticos ideológicos. Esta situación no le gustaba para nada a potencias como Estados Unidos y a bloques como la Unión europea. Ello significaba que Nicaragua ahora formaba parte de la agenda geopolítica de las grandes potencias del mundo.

Ante las condiciones internacionales antes descritas el gobierno de Daniel Ortega necesitaba más que nunca el apoyo popular para contrarrestar la guerra mediática y diplomática que se podía desatar hacia su gobierno y que ya empezaba a dislumbrarse contra los países del ALBA y sus aliados. Así, en medio de este ajedrez político que se jugaba en la región, el gobierno nicaraguense decide retomar el sueño nacional de un canal interoceánico. Las condiciones estaban creadas para ello y fue un verdadero acierto político de Ortega utilizar esta carta. Ello le permitiría al FLNS asegurar el apoyo mayoritario en las siguientes elecciones (tengamos en cuenta que un proyecto como este requiere de varios años y la población querría la continuidad de este gobierno para ver materializado de una vez y por todas su sueño nacional). Por otro lado, las gestiones realizadas por el gobierno sandinista, además de garantizar la popularidad, sellaría con broche de oro su gestión entre todos los gobiernos de la historia presidencial nicaraguense y dejaría el barómetro muy alto para los gobiernos sucesivos en caso de que no ganara el FLNS.

No obstante, no podemos calificar de oportunista al gobierno de Ortega, pues su gestión gubernamental en pro del pueblo no lo permite. Simplemente tendríamos que valorarlo como aquel gobierno que ha retomado el sueño nicaraguense de manera objetiva y por la propia mano de los nicaraguenses y lo ha elevado a su máxima dimensión: un proyecto de desarrollo y seguridad nacional en beneficio del propio pueblo. Así, luego de negociaciones y una búsqueda seria de los posibles inversionistas, sobre la base de las experiencias del pasado, el 21 de febrero de 2012 en el marco de un discurso pronunciado por Daniel Ortega en conmemoración del asesinato del general Sandino, se anunció oficialmente la construcción del gran canal. Esta noticia fue ratificada por la Asamblea Nacional de Nicaragua el 3 de julio del mismo año. Ya para el 6 de septiembre del 2012 se estaban firmando los acuerdos de cooperación entre las empresas chinas y nicaraguenses y el 31 de octubre del mismo año se firmaba otro documento total para dar cuerpo jurídico a dicho acuerdo firmado en septiembre. Consecuentemente, el 13 de junio de 2013, la Asamblea Nacional aprobó la concesión general al Sr. Wang Jing, un empresario de la República Popular de China. El señor Wang Jing y su empresa, la Hongkong Nicaragua Canal Development Investment Co. (HKND), habían obtenido el derecho exclusivo a planificar, diseñar, construir, operar y administrar el canal y toda la infraestructura correspondiente (incluyendo una línea de ferrocarril, un oleoducto, dos zonas de libre comercio, dos puertos de aguas profundas y un aeropuerto) por un periodo de 100 años.[23] El 14 de junio de 2014 se realizó una conferencia de prensa en la que se le informó oficialmente al mundo que Nicaragua y China iniciarían la construcción de un Nuevo canal interoceánico. Posteriormente, el 7 de julio de 2014, se aprobó por unanimidad en la Asamblea Nacional nicaraguense el informe que legitimaba, conforme a la voluntad popular y gubernativa, todos los acuerdos firmados con anterioridad entre el gobierno y la empresa HKND y el proceso que se desarrollaría en sí mismo. Una vez alcanzado este nivel de acuerdos el grupo HKND inició una gestión de parcería con otros grupos empresariales chinos necesarios para el proyecto del canal nicaraguense. Así, por ejemplo, podemos citar el grupo de maquinarias de construcción de Xuzhou con el cual se firmaron acuerdos el 2 de julio de 2013 y anteriormente con el grupo coorporativo ferroviario de China. De igual manera HKND el 14 de julio de 2013 firmó acuerdos con el China Gezhouba Group Corporation que posee basta experiencia en el campo de la ingeniería y construcción de obras internacionales. A su vez, el grupo HKND contrató personal extranjero de excelencia y basta experiencia en el tema; así podemos citar a Bill Wild, ingeniero civil

---

[23] Volker Wünderich: *ob. Cit.* P. 25.

de gran prestigio internacional, quien fungirá como asesor principal del proyecto; la compañía británica ERM que prestará servicios de asesoría ambiental; Mckinsey & Company que proporcionará servicios completos de consultoría commercial y Kirkland & Ellis International LLP para proporcionar asesoría legal en todos los ámbitos. Además ha quedado establecido un comité de diseño compuesto por China Railway Siyuan Survay &design Group y otras compañías de excelencia, experiencia y prestigio internacional para el desarrollo y materialización del proyecto en cuestión.

De esta manera, Nicaragua arriba a lo que es una renovación de su sueño de tener su propio canal. En esta ocasión las condiciones materiales y el contexto geopolítico son muy diferentes a lo que muchos analistas fatalistas han descrito. La verdad es que, si bien hay críticas serias que se le pueden hacer al proyecto y un gran debate a lo interno del país, existen condiciones sobradas como nunca las hubo para garantizar la materialización de tan colosal obra. Por eso hoy más que nunca el sueño nicaraguense está cerca de ser una realidad.

Queda claro que no todo es color de rosa y, como ya mencionábamos anteriormente, el debate sobre la idoneidad y la posibilidad real de este proyecto es cada vez mayor a lo interno del país, pero también a lo externo. De lo que no cabe dudas es de que en estos debates convergen muchos intereses geopolíticos y económicos que evidentemente ven en la materialización de este sueño un freno a sus pretensiones.

## 2. Causalidad Histórica del Canal Interoceánico: Sueño o necesidad.

Hasta el momento en esta obra nos hemos referido al proyecto del canal de Nicaragua como un sueño suceptible de materializarse de una vez y por todas. No obstante a esta lírica frasología, para algunos, la realidad del proyecto del canal nicaraguense y su significado para los nacionales es mucho más serio de lo que un simple sueño pudiera serlo. Por estas razones, en el marco profesional que analizamos este tema, se requiere profundizar en la verdadera embergadura que este proyecto implica. En tal sentido estableceremos un tratamiento filosófico más o menos profundo sobre la realidad del canal nicaraguense e intentaremos determinar consecuentemente su causalidad.

Un sueño es aquello que las personas idealizan en sus mentes. Lo imaginan hecho, acontecido y tienen la esperanza de que así se materialice. Desde esta perspectiva no podemos negar que el canal de Nicaragua siempre lo fue. Ahora bien, lo que está a debate aquí es hasta qué punto el tener un canal, exactamente en estos momentos históricos de

Nicaragua y la región centroamericana en general sigue constituyendo un sueño como muchos opositores al proyecto han manifestado. Pues bien, somos del criterio que el canal nicaraguense hace algún tiempo dejó de ser una ilusión. Nunca en la historia de ese país se había llegado tan lejos en este ideal. Las condiciones para la materialización del proyecto ya están creadas, en pleno avance y eso es una realidad. Entonces necesitamos partir de esta idea para analizar dónde está la causalidad de todo esto. ¿Por qué se da precisamente ahora el sueño nicaraguense? ¿Qué condiciones y factores inciden en que se haya desarrollado el interés internacional por la creación de este canal precisamente ahora? ¿Es realmente una necesidad el canal o es un simple capricho nacional? ¿De ser así, en qué se fundamenta esa necesariedad?. La respuesta a cada una de estas preguntas es lo que nos permitirá avanzar y establecer el hilo conductor de nuestra reflexión en esta obra.

La causalidad, entanto principio clásico filosófico, se refiere esencialmente a que todo fenómeno social tiene una causa.[24] Ello significa que las cosas no ocurren de

---

[24] No se debe confundir el principio de causalidad con el principio de Razón suficiente, pues el principio de razón suficiente admite diversas formulaciones, todas ellas pueden ser reducidas a alguna de las formas siguientes:

- Para toda entidad $X$, si $X$ existe, entonces hay una explicación suficiente de por qué "$X$ existe".
- Para cada evento $E$, si $E$ ocurre, entonces hay una explicación suficiente por la cual "$E$ ocurre".

manera aislada, sino que unas están ligadas a otras en un proceso de interacción. Unas cosas suceden a otras, y con frecuencia en el mismo orden. A los primeros sucesos en una relación los llamamos causas, y a los segundos efectos. De esta manera se establecen las condiciones de causalidad filosófica traducidas en que para que un suceso A sea la causa de un suceso B se tienen que cumplir tres condiciones:

- Que A preceda a B.
- Que siempre que suceda A suceda B.
- Que A y B estén próximos en el espacio y en el tiempo, relativamente.

En el ámbito que nos ocupa, la materialización paulatina del canal nicaraguense, al menos de los acuerdos y preparativos existentes actualmente,

---

- Para cada proposición *P*, si *P* es cierta, entonces hay una explicación suficiente de por qué "*P* es cierta".

Aquí "explicación suficiente" puede entenderse como un conjunto de *razones* o de *causas*, aunque muchos filósofos de los siglos XVII y XVIII no distinguieron entre estos dos tipos de "explicaciones suficientes". El resultado del principio, sin embargo, es muy diferente según se intérprete una "explicación suficiente" de una u otra manera. Al respecto *vide*: HELLÍN, J.: *"El principio de razón suficiente y la libertad."* Revista Pensamiento. 1955. pp. 303–320. Hellín, J.: *"Sentido y valor del principio de razón suficiente."* Revista Pensamiento. 1963. pp. 415–426. NICOLÁS, JUAN A. *"Razón, verdad y libertad en G.W.Leibniz: análisis histórico-crítico del principio de razón suficiente."* Granada: Servicio de publicaciones de la Universidad de Granada. España. 1993. FERRATER MORA, J.: *"Diccionario de filosofía."* Ed. Alianza. Madrid, España. 1985.

evidencia un efecto que lógicamente tiene su causa. Esa causa no está en el ideal nicaraguense de realizar un sueño sino en las condiciones materiales y geopolíticas en la que se desenvuelven Nicaragua, los países implicados en este proyecto y la región centroamericana como tal. Es entonces que debemos introducir tres elementos importantes para la determinación de dicha causalidad a saber: la necesidad, los intereses y la motivación.

*Prima facie* podemos afirmar que el proyecto actual del canal interoceánico objeto de nuestro estudio obedece a una necesidad material latente; a una emergencia, una urgencia que no es más que la satisfacción de la demanda actual del comercio marítimo interoceánico en las condiciones actuales del desarrollo tecnológico naval. Esta necesidad se expresa concretamente en que:

Por el canal de Panamá pasan unos 200 millones de toneladas métricas (TM) anuales o el 2.9% de la carga marítima mundial (estimada en 6,961 millones y 10,529 millones de toneladas métricas (TM) para 2005 y 2019, respectivamente). Con la ampliación proyectada del canal de Panamá, para permitir el paso de buques de tamaño mediano, este podría captar unos 300 millones de TM en 2019 (año estimado de inicio de operaciones del Gran Canal), manteniendo su participación de 2.9% en la carga marítima mundial o aproximadamente un tercio de la demanda potencial estimada de 912 millones de TM, quedando una demanda insatisfecha significativa. Actualmente, buques por encima del tamaño que permite el Canal de Panamá tienen mayores costos y requieren muchos más días de navegación (hasta US$2 millones y 36 días adicionales por viaje, según la ruta). Aún más, la construcción de buques cada vez más grandes que aquellos que podrían pasar por Panamá ampliado, requiere de una nueva vía de tránsito eficiente y eficaz entre los dos océanos para satisfacer la demanda.[25]

La tendencia de la industria naviera es la construcción y operación de buques entre 150,000 y 250,000 dwt y portacontenedores de más de 10,500 TEU, para lograr economías de escala buscando una mayor eficiencia operativa y rentabilidad. Actualmente, existen unos 1,400 NPPX, excluyendo portacontenedores, o sea, 41% de la correspondiente capacidad mundial en dwt. De estos, unos 900 podrían pasar por el Gran Canal por razones de tamaño (hasta 250,000 dwt o buques Nicamax). Para 2019, se esperan unos 3,000 Nicamax, pudiendo hasta duplicar el número de viajes que hacen actualmente por ahorro de tiempo al transitar por el Gran Canal, además de la mayor eficiencia operativa de los mismos por razones de tamaño.[26]

---

[25] Tomado de Informe de la comisión de trabajo del gran canal. Perfil del Proyecto Agosto de 2006. P. 3
[26] *Ibídem.* P. 5

El transporte marítimo relevante al proyecto tiene mayores costos por tener que usar rutas alternas a Panamá. Cálculos iniciales indican que: (I) un buque de 150,000 TM navegando de la costa este de Estados Unidos de América (EUA) a Japón o viceversa tiene un costo adicional de hasta aproximadamente US$ 2.0 millones por viaje de ida y regreso (US$13 por TM), requiriendo 34 días más de navegación; (II) ese mismo tipo de buque en la ruta costa norte/noreste de Sur América a Japón o a costa oeste de EUA, tendría un costo adicional promedio similar, requiriendo unos 36 días adicionales de navegación; (III) un buque portacontenedores de 10,500 TEU de costa este EUA a Japón, vía Canal de Suez (ruta que no es muy usada), el costo adicional es de aproximadamente US$0.5 millón por viaje de una vía (US$48 por contenedor), requiriendo siete días más de navegación; y el costo adicional por viaje de una vía a través del "Land Bridge" de los EUA en ruta costa este de EUA al noreste de Asia es aproximadamente de US$230 por contenedor, con 6-8 días de tránsito menos, aunque esta vía está saturándose rápidamente y con posibilidad limitada de ampliarse significativamente. Los costos y días adicionales de tránsito antes anotados se ahorrarían vía El Gran Canal.[27]

---

[27] *Ibídem.*

Por su parte, Nicaragua también ha sentido la necesidad de este proyecto hoy más que nunca. A pesar de los avances alcanzados despe el punto de vista económico-social por el gobierno de Ortega, aún Nicaragua sigue siendo uno de los países más pobres de América Latina. El banco mundial, a modo de ejemplo, publicaba en el 2010:

> "....Tras años de inestabilidad política y aún vulnerable a los desastres provocados por fenómenos naturales o antrópicos, en la última década el país ha estado creciendo en promedio con América Latina. Disciplinadas políticas macroeconómicas aplicadas desde 2001, combinadas con una expansión constante de las exportaciones y la inversión extranjera directa, han ayudado a Nicaragua a afrontar las turbulencias económicas derivadas de la crisis de 2008-2009 y de la subida de los precios de los alimentos y del petróleo.

> Después de una rápida recuperación en 2010, la economía creció un 5.1% en 2011, la tasa más alta en una década. La inflación también ha sido controlada a dígitos simples -en torno a un 8% en 2011, después de alcanzar un 25% a mediados del 2008. Los indicadores macroeconómicos se mantienen estables, con

un crecimiento económico estimado del 4.2% en 2013, y las inversiones extranjeras directas y el comercio muestran perspectivas favorables…"[28]

Más adelante continua declarando:

"….Nicaragua sigue siendo uno de los países menos desarrollados de América Latina. La pobreza, aunque ha disminuido de manera constante en los últimos años, sigue siendo alta. Más del 80% de los pobres en Nicaragua residen en áreas rurales, gran parte en comunidades remotas donde el acceso a los servicios básicos es un reto diario….. Asimismo, el Plan Nacional de Nicaragua para el Desarrollo Humano (PNDH) 2007-12, está siendo actualizado hasta el 2016. [29] Su objetivo general es reducir la desigualdad mediante el aumento del combate a la pobreza, la reducción del gasto y el incremento

---

[28] BANCO MUNDIAL: *Nicaragua, Panorama General* en página official del Banco Mundial, sección de informes por países. Obtenible en http://www.bancomundial.org/es/country/nicaragua/overview#1. Consultado el 11 de junio de 2015 a las 22:34hr

[29] Al respecto *vide*: GOBIERNO DE RECONCILIACIÓN Y SEGURIDAD NACIONAL: *Plan Nacional de Nicaragua para el desarrollo humano* en sitio web "Gobierno de Reconciliación y Seguridad Nacional" (version preliminar en consulta nacional[noviembre8, 2012]. Obtenible en http://www.pndh.gob.ni/. Consultado el 11 de junio de 2015 a las 22:19hrs.

de la inversión en los sectores sociales y la infraestructura rural..."[30]

Lo expresado hasta aquí evidencia que no basta con las buenas intenciones del gobierno de Ortega y las políticas actuales de desarrollo implementadas en el país para lograr un desarrollo sostenible y consistente. La búsqueda de estrategias económicas que aseguren esta misión del gobierno siempre será una prioridad. En este orden de cosas, el proyecto del gran canal nicaraguense vendría a disminuir de manera potencial la pobreza de la sociedad nicaraguense si los recursos devengados del mismo son distribuidos honestamente. Por eso, no resulta ilógico pensar que dicho canal más que un sueño es una necesidad real.

Un elemento que no debe ignorarse es la presencia de China en el proyecto. Aunque de este tópico hablaremos más detalladamente en otros capítulos intentaremos abordar aquí algunas premisas necesarias para la comprensión de la necesidad como elemento que conlleva a la causalidad del controvertido Proyecto del Gran Canal.

China ha encontrado en América Latina y el Caribe un Mercado prometedor y seguro por muchos años. Su sociedad con los países del ALBA y el CARICOM le gesta la necesidad de establecer una comunicación

---

[30] Banco Mundial: refrencia citada ( Nicaragua , Panor....).

más directa con los socios de esta parte del globo terráqueo que le permita el intercambio de mercancías y materias primas en grandes cantidades y de la manera más económica y segura posible. La única manera lógica de lograr este cometido es por la vía marítima. Aunque el canal de Panamá le resulta obsoleto, China, por las razones antes expuestas, aprovecha su relación y acercamiento al triángulo del ALBA, como se le conoce a la posición estratégica de Cuba en el Caribe, Venezuela en América del Sur y Nicaragua en Centroamérica para implementar y desarrollar una vía alternativa al canal de Panamá (país aliado a Estados Unidos y la Unión Europea). No cabe dudas que en esta estrategia de los asiáticos también se religan otros intereses geopolíticos que les obliga a preferir la construcción de un nuevo canal en Nicaragua por muy costoso que sea antes que participar en el financiamiento de la ampliación del canal panameño. De lo que no cabe dudas es que de esta manera China va a lograr afianzar su presencia en la región y con ello responder a sus propósitos geopolíticos.[31]

Ahora bien, la necesidad despierta el interés. Este (el interés) debe entenderse a grandes rasgos como la priorización, por parte de los necesitados (China y

---

[31] Sobre el tema de los intereses geopolíticos Chinos en Nicaragua y los de Nicaragua y sus vecinos centroamericanos dedicaremos un capítulo más adelante en esta obra.

Nicaragua en este caso) por solucionar con urgencia esa necesidad. Ello quiere decir que las necesidades antes descritas han dado lugar a que solucionarlas para ambos países sea una prioridad. Así es que se inician los estudios y análisis de las posibles formas de encontrar una solución duradera al tema de la pobreza y el subdesarrollo social en Nicaragua, por un lado, y la solución marítima de China en su exportación e importación de mercancías hacia América Latina y el Caribe, por el otro. Entonces es sobre la base de esos mismos intereses que aparece una solución común para ambos países: la creación de un canal interoceánico. Es en este momento que entra a escenario la "motivación" como tercer elemento predeterminado de la causalidad del nuevo canal centroamericano. Ambos gobiernos -China y Nicaragua- han manifestado su interés y ambos ven en esta empresa una solución contundente a sus necesidades antes manifiestas aquí. Entonces, si tuviéramos que valorar la real causalidad del emprendimiento del proyecto precisamente en este momento histórico y no en otro, tendríamos que determinar como causa el grado de motivación que despierta el proyecto de un canal nicaraguense en ambas potencias y la comunidad internacional como solución común a diferentes necesidades históricas concretas. De ello se infiere que si China no tuviera este proyecto como única solución a una problemática social y muchos países no tuvieran la necesidad de este proyecto como solución de una demanda internacional Nicaragua seguiría inmersa en su sueño centenario.

Si hubiese que argumentar otro motivo material de por qué Nicaragua fue el escogido bastaría con decir que tiene una ubicación geográfica estratégica, con las tierras más bajas en el centro del continente americano entre los océanos Atlántico y Pacífico, así como recursos hídricos abundantes en el área de la ruta recomendada del Gran Canal. Entre estos recursos se encuentran el Lago de Nicaragua, en el centro de la ruta, el cual descarga por el Río San Juan en el océano Atlántico 41.2 millones de metros cúbicos (m3) de agua por día y el Río Escondido, al norte de la ruta, que drena en su inicio 33.7 millones de metros cúbicos diarios. El Gran Canal requerirá para su operación 6.6 millones de m3 de agua por día. Todo ello hace de Nicaragua la mejor opción en las Américas para construir un nuevo canal interoceánico. Además, en relación a la ruta recomendada, la Historia enseña actividad volcánica y sísmica mucho más benigna que en el resto de Centro América y sin daños significativos y a ello se le suma que la ruta recomendada no interfiere con ningún río de consideración. [32]

---

[32] Informe de la comisión de trabajo del gran canal. Perfil del Proyecto Agosto de 2006. P. 4

No obstante a las condiciones materiales y geopolítica que motivan a este proyecto se impone el impacto que el mismo puede tener. Se estima que en Nicaragua, el Gran Canal aceleraría el crecimiento económico, incrementando el Producto Interno Bruto (PIB) y el PIB per-cápita en casi dos veces comparado con proyecciones optimistas de una situación sin canal y generando importantes inversiones adicionales. Tan sólo la construcción y operación del Gran Canal, aislándola de los otros impactos que tendría el proyecto en la economía, llevaría al PIB de US$4,900 millones en 2005 a unos US$ 20,800 millones en 2025, en comparación con US$ 11,800 millones en forma optimista para ese mismo año sin el Gran Canal. El ingreso per-capita de los Nicaragüenses se incrementaría de US$857 a $2,258 en ese mismo período, comparado a US$ 1,285 en forma optimista sin el Gran Canal, todo en precios del 2006. Esto significaría tener un crecimiento anual promedio del PIB de aproximadamente del 9%, bajo el supuesto que la economía sin canal creciera 4.5% por año, además de los beneficios fiscales, financieros y de balanza de pagos esperados. El proyecto crearía empleos en forma significativa y permanente (se estiman unos 40,000 nuevos empleos directos durante la construcción y 20,000 durante la operación, más unos 120,000 empleos indirectos), contribuyendo a mejorar el nivel de vida de los Nicaragüenses. Además, habría mayor necesidad de capital humano calificado, lo cual implicaría aumentar el nivel de educación en el país, revisar planes de estudio y crear nuevas carreras. La construcción del Gran Canal atraería inversiones adicionales en muchos sectores (finanzas, comercio, turismo, servicios, comunicaciones, infraestructura, manufactura, educación,), integrando efectivamente las regiones atlántica, pacífica y central del país. De manera especial, permitiría a la región Atlántica desarrollar su potencial económico, cultural y social como un todo nacional. [33] También el Gran Canal, considerado como un "Proyecto País, Nación o Patria", contribuiría a integrar Nicaragua como una sola nación, ya que entre otros sería el primer esfuerzo efectivo de: (I) participación múltiple del Estado, Gobierno Central, Gobiernos Autónomos, Municipios, sector privado, sociedad nicaragüense, grupos regionales, etnias, ambientalistas, profesionales, partidos y agrupaciones políticas y de otra índole, quienes a través de un amplio proceso de diálogo, armonizarían los intereses particulares con los intereses nacionales; (II) desarrollo integral de la costa atlántica de Nicaragua y de ésta como parte integrante del país; y (III) creación de una conciencia y solidaridad sociales entre la población. Además, requeriría de la construcción de infraestructura de soporte a lo largo del territorio nacional y permitiría el enfoque productivo y de servicios con ámbito nacional.

---

[33] *Ibídem.* P.6

Solamente un proyecto de la naturaleza y magnitud del Gran Canal permitiría, no sólo detener el deterioro del medio ambiente en el país, sino neutralizar el impacto propio del mismo y obtener un verdadero desarrollo ambiental. El Gran Canal conlleva la restauración ambiental de su zona de influencia, entre otras, con el fin de garantizar la sostenibilidad de los recursos hídricos necesarios para su operación, incluyendo mejorar la biodiversidad, la conservación de los suelos, la limpieza del aire y el manejo de bosques y aguas. Durante las últimas tres décadas Nicaragua ha sufrido daños en su medio ambiente, incluyendo la tala de bosques. El manejo ambiental del Gran Canal permitiría al país -entre otros- recuperar en gran parte los niveles de arborización y de generación de agua de mediados del siglo pasado. Adicionalmente, el Gran Canal afectaría positivamente a muchos grupos humanos, inclusive a los de su zona de influencia directa. El Proyecto incluye US$300 millones como inversión inicial en aspectos ambientales. [34] Los resultados ambientales que tendría el Gran Canal, por la magnitud y costo que se propone, generarían suficientes flujos para orientar recursos al mejoramiento y conservación del ambiente natural en su área de influencia. Este mejoramiento del medio ambiente va a garantizar el funcionamiento hidráulico del Gran Canal en forma sostenible. Además, se pueden esperar los siguientes beneficios eco-

---

[34] *Ibídem.*P.6

ambientales directos derivados de la construcción del mismo:

I. Conservación garantizada y manejo sostenible de extensas áreas del bosque húmedo y seco tropical en el sureste de Nicaragua e istmo de Rivas, incluyendo las reservas biológicas existentes con toda su rica biodiversidad, actualmente amenazadas por el avance de la frontera agropecuaria y la deforestación.

II. Reforestación de áreas degradadas e implementación del manejo forestal sostenible de la extensa cuenca del Lago de Nicaragua comprendida dentro del territorio nacional.

III. Establecimiento de plantaciones forestales bien manejadas para la producción de madera de calidad y su industrialización en Nicaragua.

IV. Introducción de la agroforestería, silvicultura y manejo de fauna en forma tecnificada para diversificar la producción en las áreas tradicionalmente ganaderas de Rivas, Boaco, Chontales, RAAS y partes de Río San Juan.

V. Creación y ampliación de nuevos hábitats acuáticos en los embalses proyectados para el Gran Canal y terrestres en las islas que se formen en medio de tales embalses, con fines de conservación, recreación, pesca, investigación biológica, ecoturismo y opciones para generar energía localmente.

VI. Posibilidad de utilizar zonas excavadas y suelos removidos para establecer piletas de retención para plantar cultivos o desarrollar proyectos de acuacultura.

VII. Extensión del rico ecosistema estuarino y de los manglares a lo largo de los canales costeros de penetración en ambos litorales.

VIII. Acceso y aumento de la actividad turística y ecoturística, con variedad de ambientes naturales, a lo largo de la ruta canalera.

IX. Inserción de Nicaragua al mercado de pagos por servicios ambientales, estableciendo modalidades locales e internacionales, en especial aquellas referidas al mercado almacenamiento y fijación de carbono, manejo y conservación de biodiversidad, uso y manejo sostenible de suelos y aguas, preservación de las bellezas escénicas naturales que está ligado al desarrollo forestal en las cuencas que coadyuvan a mantener bosques productores de agua.

A nivel regional, el proyecto contribuiría al desarrollo de Centro América y a una verdadera integración operativa y de infraestructura de la región, impulsando los beneficios de la Unión Aduanera de Centroamérica, el Acuerdo Centro Americano de Libre Comercio (CAFTA, por sus iniciales en inglés) con EUA, el comercio interregional en las Américas y el futuro acuerdo comercial de Centro América con la Unión Europea, por mencionar algunos. Además, serviría de motor para una mayor integración de Centro América con todas las regiones del mundo. A nivel mundial, el Gran Canal contribuiría al desarrollo del comercio internacional, ayudando a satisfacer la demanda creciente del transporte marítimo mundial y a aumentar la eficiencia del sistema de transporte marítimo; disminuiría los costos de transporte al disminuir los días de navegación por viaje y aumentar el tamaño y eficiencia de los buques, ampliando a su vez la capacidad de la flota marítima; y haría "comercializables" productos en mercados que en la actualidad no lo son por problemas de costos y tiempos de transporte.[35]

El Gran Canal representaría un ahorro sustancial en costo y tiempo para los usuarios en las rutas más lejanas en el intercambio comercial, v.g., entre el bloque de Norteamérica (Este) y Asia, entre Sur América (Pacífico) y Europa/costa este de EUA, entre Sur América (Norte/Noreste) y Asia/costa oeste de EUA, entre Europa y costa oeste de EUA y entre algunos países del MERCOSUR con el NAFTA, lo cual, a su vez, constituiría un incentivo financiero a las

---

[35] *Ibídem.*P.7.

navieras para usar el Gran Canal. Estas, además, tendrían un mayor potencial de utilización de los buques al año, pudiendo hasta duplicar el número de viajes, con aumento significativo de retorno sobre la inversión por buque y la posibilidad de ofrecer mejores tarifas a sus clientes.

El Gran Canal es una oportunidad para los mercados financieros internacionales de transformar activos financieros líquidos, actualmente elevados, en inversiones físicas necesarias, productivas y rentables. Además, es un proyecto financieramente rentable en principio, considerando un escenario conservador; que generaría flujos positivos de caja anuales desde unos US$4,675 millones en el primer año de operación, hasta aproximadamente US$15,000 millones a los 25 años de estar operando, en precios de 2006, en los cuales el Estado de Nicaragua tendría una participación. Pero como ya habíamos dicho anteriormente, la necesidad de ambos países no se circunscribe solamente a lo económico. Existen otros intereses geopolíticos que hacen del canal nicaraguense un proyecto mucho más atractivo y urgente. Sobre estos otros motivos abundaremos en el siguiente capítulo.

## 3. Características del Proyecto interoceánico Nicaraguense.[36]

Antes de analizar las características del futuro canal nicaraguense debemos analizar las razones por las cuales se escogió la ruta que describe el proyecto actual. Muchos especialistas consideran que dicha elección se basó solamente en cuestiones económicas y no es así. Si bien el fundamento económico fue el de mayor peso también es cierto que hubo otros elementos de impacto ambiental, cultural y seguridad que se tuvieron en cuenta en la elección de la llamada ruta alternativa 4 como ruta oficial del proyecto a desarrollar. Para una mejor comprensión empecemos describiendo el Proyecto del Gran Canal conforme a su diseño oficial y su lógica comercial.

Este mega proyecto se estima con una longitud aproximada de 278 km atravesando el país desde las costas Caribeñas hasta el litoral del Océano Pacífico. El mismo canal tendrá un ancho de 230m con bahías laterales de paso (520m) y una profundidad entre 27,6m y 30m. Además contará con otras instalaciones como campamentos, plantas de concreto, suministro de energía, agua y saneamiento. Entre las limitaciones del canal se encuentra que debe ser al sur ya que al norte existen mayores elevaciones y debe atravesar el

---

[36] Para obtener mayor información sobre las características del Proyecto del Canal además de la que se ofrece en este epígrafe vide Anexo #1.

lago necesariamente. Esto obliga al gobierno a tener en cuenta algunos temas de alta sensibilidad como puede ser la presencia de áreas de gran biodiversidad, territorios Indígenas, áreas protegidas de relevancia internacional, economía débil en el área de interés y el flujo de inmigración hacia la misma.[37]

Esta situación es la que ha llevado al replanteo de seis rutas posibles para el desarrollo del Proyecto. Después de un detallado análisis de las conveniencias socioculturales, ambientales y económicas de cada ruta se determinó adoptar la ruta 4 como oficial.

Las rutas 1 y 2 partían de la Bahía de Bluefields y norte de la Reserva Cerro Silva. Estas fueron eliminadas como posibles rutas ya que la Laguna de Perlas y la Bahía de Bluefields proveen hábitat para 4 especies de tortugas marinas amenazadas y además la Bahía de Bluefields ha sido designada como Humedal de RAMSAR. El Proyecto en cuestión podría tener Impactos negativos potenciales a la hidrodinámica de la Bahía y estuario de Bluefields, así como a los servicios ecosistémicos. También se tuvo en cuenta la presencia de arrecifes de coral cercanos y el asentamiento de importantes pueblos indígenas y gran

---

[37] Tomado de Informe sobre el Gran Canal de Nicaragua publicado por el grupo HKND en julio de 2014. P. 4-5.

cantidad de población. Otro aspecto tenido en cuenta es el alto costo de la ingeniería por dicha vía.[38]

La ruta 5 partía desde Punta Gorda, río San Juan y San Carlos; mientras que la ruta 6 partía desde Indio Maiz, río San Juan y San Carlos. Después de un estudio preliminar se determinó por decisión ejecutiva del Gobierno de Nicaragua que las rutas que involucran el río San Juan habían sido eliminadas. Así el 13 de Mayo de 2013, el Ministro de Relaciones Exteriores de Nicaragua envió una nota a su contraparte costarricense explicando que basados en estudios preliminares, el gobierno de Nicaragua decidió abandonar los planes de construir el canal a lo largo del río fronterizo.[39] Esta comunicación oficial se realizó como respuesta a las inquietudes manifestadas por el gobierno de Costa Rica respecto a los posibles daños ambientales que podría sufrir el litoral sur del río San Juan y el ecosistema circundante al mismo pertneciente a los costaricenses. Esta situación daba a suponer a la comunidad internacional que los conflictos fronterizos históricos entre Nicaragua y Costa Rica no estaban olvidados. Al parecer fueron estas las razones que obligaron realmente al gobierno nicaraguense a desestimar cualquier vía que comprometiera la

---

[38] *Ibídem.*
[39] *The Nicaragua Dispatch,* May 16, 2013 citado por Informe sobre el Gran Canal de Nicaragua publicado por el grupo HKND en julio de 2014. P. 9.

frontera. [40] Esta decisión de eliminar estas rutas también estuvo dada por los Impactos negativos futuros en la reserva biológica Indio Maíz; además de la existencia de un sitio importante de anidamiento de tortugas marinas en El Cocal.

Finalmente quedaban las rutas 3 y 4 para determinar cuál sería más conveniente al proyecto, por lo que se

---

[40] El conflicto limítrofe entre Costa Rica y Nicaragua de 2010-2013, es una disputa que comenzó en octubre de 2010 en la Isla Portillos (actualmente en disputa, aunque la soberanía la tiene Costa Rica), llamada por los nicaragüenses, Harbour Head. Ésta es una isla fluvial de aproximadamente 3 Km$^2$, localizada inmediatamente al norte de la también costarricense isla Calero, en una lengua de tierra conocida como "Finca Aragón". Esta controversia se encuentra directamente relacionada con una labor de dragado por parte de autoridades nicaragüenses de una sección en la desembocadura del delta del río San Juan de Nicaragua, a cargo del ex-comandante guerrillero Edén Pastora, que ha involucrado la presencia de militares nicaragüenses en esta lengua de tierra desde el inicio de la disputa, porción de tierra que ambos países reclaman como parte de su propio territorio. El conflicto se enmarca dentro de una larga historia de disputas entre ambos países por la delimitación de la frontera, y ha versado por temas desde acusaciones de invasión militar y daños ambientales a un área ecológicamente protegida, por parte de Costa Rica, hasta señalamientos, por parte de autoridades nicaragüenses, de que Costa Rica tiene intenciones de expandirse por el río San Juan, o que todo es parte de una conspiración internacional orquestada por Costa Rica y otros países hispanoamericanos para beneficiar al narcotráfico, algo que «Nicaragua intenta frenar».Hay un sector, finalmente, que ve la disputa simplemente como una «cortina de humo» política alentada por los gobiernos de ambos países para disfrazar las crisis internas que afrontan sus gobernantes y ganar popularidad ante la opinión pública. Tomado de www. Wikipedia. Com en español. Consultado el 15 de junio de 2015 a lasd 13:03hrs.

inició un proceso de estudio comparado al respecto. En dicho estudio se determinó que la ruta 3 que partía de Bahía de Bluefields y región central de Cerro Silva debía ser eliminada también debido a que causaría impactos considerables sobre los servicios ecosistémicos prioritarios para las comunidades afectadas. La comunidad de Bluefields, además, depende en gran medida de los servicios ecosistémicos proporcionados por la Bahía de Bluefields. También se determinó que impactaría el sitio RAMSAR de la Bahía de Bluefields y causaría efectos adversos significativos sobre los valores de biodiversidad que motivaron la declaratoria de hábitat crítico y los procesos ecológicos que los originan y mantienen; así como que impactaría el territorio tradicional del pueblo indígena Rama, incluyendo Rama Cay, su centro tradicional y eje de su población y cultura.[41]

La ruta 4 fue la elegida por decantación. Este término usado aquí (decantación) con toda intención es bastante importante. Ello quiere decir que la ruta 4 fue escogida por ser entre las otras cinco alternativas la de menos impacto negativo, pero ello no significa que no implique una damnificación ambiental y un peligro potencial al ecosistema y a la estabilidad sociocultural de la región implicada. Somos del criterio que lo

---

[41] Tomado de Informe sobre el Gran Canal de Nicaragua publicado por el grupo HKND en julio de 2014. P. 11.

importante e imprescindible aquí, al menos en primera instancia, es que el gobierno nicaraguense asuma como reto la eliminación o disminución al máximo de las implicaciones negativas del proyecto conforme a esta ruta escogida. Al parecer este es el sentir de los ejecutivos conforme al informe del proyecto propuesto en el 2014, citado reiteradamente en esta obra, cuando hace referencia a que el gobierno prestará especial cuidado a la biodiversidad de esta ruta y reconoce que cruzar algunas áreas protegidas es inevitable y muchas de estas están amenazadas o impactadas por la agricultura de subsistencia; entonces, a tenor de ello, trazará estrategias tales como aplicar la jerarquía de mitigación, consultar con el Gobierno y Organizaciones Nicaragüenses y con ONGs claves (RAMSAR, UICN, UNESCO, FFI, Birdlife, WCS) sobre la factibilidad de mitigar y compensar (offsets) los impactos inevitables y fortalecer la capacidad institucional y los recursos para prevenir deforestación en las áreas salvables que aún permanecen.[42] También reconoce que potencialmente más de una docena de especies en la lista de UICN (EN/CR) se encuentran en el área de estudio:

• marinas - 3 especies de tortugas marinas (A/P)
• agua dulce – alta biodiversidad de peces en el Lago de Nicaragua
• terrestre – lapa verde, danto, mono araña nicaragüense

---

[42] *Ibídem.*

• nuevas especies de ranas

Para ello el gobierno pretende una investigación ecológica detallada fundamentada sobre la identificación de hábitats críticos y naturales, implementar la jerarquía de mitigación, desarrollar planes para mitigar y compensar, (offsets) para los impactos inevitables en consulta con organizaciones conservacionistas.

Respecto a los recursos hídricos el gobierno también reconoce que el Lago de Nicaragua es reserva de agua; El Río Punta Gorda lleva una fuerte carga de sedimento y que existe un riesgo potencial de intrusión salina. También reconoce que posibles impactos estarán encaminados hacia posibles efectos sobre los niveles del agua en el Lago de Nicaragua y las descarga por el Río San Juan. Un canal dragado a través del lago de Nicaragua podría aumentar el nivel de turbidez e impactar la productividad de peces y el hábitat de fondo (bentos). También la colocación de material dragado en varias ubicaciones dentro del lago puede interferir con la circulación y aumentar la turbidez. Existe un riesgo de vertidos de agua de lastre, derrames de petróleo y otras sustancias y la introducción de especies invasoras. Todo ello podría acarrear efectos potenciales sobre el grupo de especies de *Amphilophus citrinellus*; así como un potencial de impactos indirectos al Archipiélago de

Solentiname, Isla de Ometepe y refugio de vida silvestre "Los Guatuzos" como resultado de las actividades durante la construcción y riesgo de derrames. No obstante, se ha trazado como estrategia minimizar el consumo del agua del Lago de Nicaragua para la operación del sistema del Canal; diseñar las esclusas para controlar la intrusión salina y las pérdidas de agua; realizar estudios hidrogeológicos, hidrológicos y geofísicos y, por último, mejorar el manejo de las cuencas, especialmente del Río Punta Gorda.

En lo que respecta a los pueblos indígenas, el ejecutivo nicaraguense reconoce que el proyecto cruza parte del territorio tradicional del Pueblo Rama en el Caribe y pasa cerca del territorio de una comunidad Nahuat en Rivas. Para evitar o minimizar impactos negativos se propone establecer consulta y participación directa con el pueblo Rama, evitar la afectación del territorio Nahuat en el Pacífico y trabajar para obtener el consentimiento previo, libre e informado (FPIC) de las comunidades. Lo interesante aquí es conocer qué actitud tomaría el gobierno nicaraguense si las comunidades no dieran su consentimiento al respecto o si las mismas retirasen su consentimiento una vez iniciada la obra o bien avanzada esta.

Respecto al reasentamiento involutario el gobierno admite que la ruta atraviesa principalmente áreas rurales (en menor medida en la sección occidental del canal) y que la magnitud del reasentamiento involuntario es aún desconocido. No obstante, se propone realizar una investigación socioeconómica detallada en el área de estudio, preparar un censo en el área de la huella directa del proyecto y consultar directamente a las familias afectadas sobre las opciones de reasentamiento.

Como ya hacíamos mención anteriormente en esta obra, el proyecto supone un paliativo a otros problemas que ya venían presentándose en la zona en cuestión. Por ejemplo, se reconoce públicamente que ha existido una pérdida paulatina de bosque entre 1983 y 2014, pues en un área de estudio de 23,773 km2 se ha determinado pérdidas de 145 km2/año lo cual representa, en el periodo de tiempo analizado, un 40% de la zona en estudio experimental. También se ha determinado que el patrón de deforestación avanza de noroeste a sureste y la tasa de deforestación parece ir en aumento. Para revertir estas tendencias de deforestación el gobierno se propone prevenir la penetración adicional en las reservas de Indio Maíz y Punta Gorda, rehabilitar las áreas degradadas en dichas reservas y mejorar la gestión de cuencas, proporcionar alternativas y mejores condiciones de vida, así como proporcionar compensación y financiamiento para mejorar el sitio RAMSAR de San

Miguelito.[43] Para proteger las reservas de Indio Maíz y Punta Gorda el gobierno además se ha propuesto usar el canal como barrera para prevenir colonización adicional en dichas reservas, proveer los recursos y la capacidad para restaurar dichas reservas y fortalecer el patrullaje para la protección de los recursos naturales y así prevenir deterioro adicional. También se propone reasentar a la población que no sean nativos Rama fuera de las reservas en nuevas áreas de producción agropecuaria.

También se reconoce que la ruta propuesta cruzará el humedal RAMSAR y que el área ha sido ya impactada por los efectos de la agricultura, la ganadería y especies invasoras. Al respecto los inversionistas se proponen consultar con la Convención RAMSAR y el gobierno de Nicaragua para desarrollar un plan de compensación para el impacto complejo de humedales de San Miguelito. Entre otras actividades también se trazan como estrategia:

- Reasentar a la población cerca de donde viven.
- Proveer mejores condiciones de vida por medio de mejor tierra, más productiva.
- Proveer empleo alternativo a la agricultura de subsistencia actual que destruye el bosque.

---

[43] *Ibídem.*

- Crear formaciones de pendientes suaves con el material excavado que sean adecuadas para uso agrícola.
- Mejorar las condiciones de transporte a los mercados por medio de caminos mejorados.
- Promover la transición de la agricultura de subsistencia a una agricultura moderna, productiva y sostenible.

De igual manera, entre las actividades que ya se han desarrollado durante el 2013-2014 se encuentran fundamentalmente:

- Trabajo de Campo de Biodiversidad - época de lluvias (Oct – Dic /2013).
- Trabajo de Campo de Biodiversidad - época seca (Mar – May /2014).
- Muestreo completo de biodiversidad, agua y sedimento en ambientes marinos, de agua dulce, y terrestres.
- Muestreo de los principales grupos – flora, aves, mamíferos grandes y pequeños, anfibios y reptiles, moluscos terrestres, peces, invertebrados acuáticos, fito y zooplancton e insectos.
- Las campañas de campo contaron con la colaboración de WCS y FUNDAR (las mayores ONGs conservacionistas y ambientalistas en Nicaragua.

- Participaron más de 30 especialistas de ERM y más de 80 biólogos y expertos nicaragüenses, incluyendo muchos de los más reconocidos especialistas locales.

Ahora bien, si lo vemos en sentido general vamos a percibir que el análisis del impacto socio ambiental se ha realizado en tres partes fundamentales. La primera de ella comprende la cuenca del Mar Caribe, la segunda comprende la ruta 4 en sí misma y la tercera parte comprende la cuenca del Océano Pacífico.

Las estrategias del gobierno nicaraguense para minimizar o evitar el impacto socioambiental en la cuenca del Caribe estará dada por:

- Corredor Biológico Mesoamericano: Mantener 10 kms de desarrollo mínimo; no disponer material y conectar con humedal al sureste de la Bahía de Bluefields;

- Bosque de Palma o "Yolillal": Mantener la hidrología necesaria y *habitat* para la "rana de vidrio" (nueva especie) y otras.

- Reserva Indio Maíz: Alejarse lo más posible, evitar colonización adicional, relocalizar a las personas viviendo al sur del Río Punta Gorda y fortalecimiento de un servicio de guarda-parques efectivo para las reservas.

- Restauración de áreas degradadas en Indio Maíz y Punta Gorda y promoción de manejo forestal y agroforestería.

- Río Punta Gorda: Integridad del canal del río aguas abajo de la esclusa.

- Booby Cay y Banco 105: Área de amortiguamiento 3 km de radio.

- Área inundada: minimizar el tamaño de los embalses.

- Cooperación con ONGs para mejorar los esfuerzos de protección de tortugas marinas.

- Coordinar con los pueblos indígenas afectados, mejorar medios de subsistencia y respetando sus tradiciones.

- Plan de tráfico de buques para minimizar impactos a mamíferos y tortugas marinas y áreas importantes como el Banco 105.

Las estrategias para minimizar los impactos medio ambientales en la ruta Atlanta –Tule estará dada por:

- Restaurar gradualmente la reserva natural de Punta Gorda.

- Gestión integrada de cuencas y reforestación dentro de la reserva natural de Cerro Silva.

- Restaurar con especies nativas el corredor del canal para minimizar el efecto de la fragmentación/barrera y para aumentar la estética y el turismo potencial del canal.

- Mitigar impactos a las especies de ranas potencialmente nuevas para la ciencia y otras especies raras o en peligro de extinción encontradas en esta parte del corredor.

- Minimizar los impactos al *habitat* del Mono Araña, y si no es posible, desarrollar e implementar medidas de compensación apropiadas.

- Involucrar a una ONG experimentada en reubicación animal para trasladar especies de fauna que se encuentran en riesgo de ahogamiento por la inundación (por ejemplo, perezosos, monos, etc.).

- Reubicar a las familias desplazadas y garantizar sus medios de subsistencia.

La estrategia de mitigación de los impactos en el lago de Nicaragua comprenderá:

- Máximo esfuerzo de implementación de mejores prácticas para evitar impactos al Lago de Nicaragua.

- Minimizar el consumo del agua del lago (efecto insignificante en las variaciones de los niveles de agua del Lago de Nicaragua o flujos del Río San Juan).

- Minimizar el efecto del dragado utilizando técnicas hidráulicas para remover sedimentos finos, (reducir turbidez) y disponer esos sedimentos finos en tierra o en áreas confinados con diseño adecuado de ingeniería.

- Planes de manejo durante la operación que prohíben la descarga de agua de lastre y previenen derrames de petróleo. Garantizar equipos y procedimientos adecuados para manejar cualquier derrame.
- Colaborar con el gobierno de Nicaragua y organizaciones relevantes para desarrollar un plan de gestión global para mejorar la calidad del agua del Lago de Nicaragua.

- Alinear la ruta del canal a través del lago y ubicar las áreas de colocación del material dragado para maximizar el amortiguamiento de receptores y *habitats* sensibles (Ometepe, Solentiname, Los Guatuzos, y afloramientos rocosos).

En la zona referida a la cuenca del Pacífico se evalúan como impacto socio ambiental:

- Impactos potenciales a la reserva marina propuesta La Anciana (3 km al norte); área de coral, *habitat* para peces y la mayor colonia de Fregata en Nicaragua.

- Impacto significativo a la playa y estuario de Brito; anidación y forraje para tres especies de tortugas, ballenas y delfines, todos los cuales se congregan en la bahía de Brito; manglar de Brito y bosque seco adyacente (con registros históricos de proveer *habitat* para el mono araña), que conserva alta biodiversidad de plantas y animales, incluyendo colonias de aves acuáticas. Colectivamente, La Anciana, la playa de Brito, el manglar y el bosque seco representan una zona biológicamente importante que provee el mejor *habitat* de este tipo en esta parte de la costa del Pacífico Nicaragüense.

- Aumento de la presencia humana durante la construcción y operación, y relacionados con aumento de la pesca, caza y captura de tortugas (huevos y adultos).

- Alteración de la hidrología de la cuenca y reducción de disponibilidad de agua.

- Colisión de buques con mamíferos y tortugas marinas.

- Las áreas para el canal y para colocar el material excavado requiere la adquisición de terrenos de alto valor y tierras agrícolas productivas.

- Reasentamiento de varias comunidades incluyendo la comunidad de Río Grande.

- El número total de personas que tendrían que ser reubicadas en esta área no está determinado aún.

- Potencial de descargas de aguas de lastre y derrames de aceite u otras sustancias en las aguas pelágicas y costeras.

HKND todavía está evaluando dos alternativas de diseño que podrían evitar o minimizar algunos de estos impactos potenciales. Al respecto se han evaluado tres alternativas.

- Una alternativa consiste en mover el puerto hacia el interior con el fin de minimizar los impactos a La Anciana y el complejo de bosque seco / manglares / playa Brito. Aunque esta alternativa podría disminuir los impactos a la biodiversidad en cierta medida, los impactos a la comunidad agrícola en el valle de Brito seguirían siendo esencialmente los mismos.

- Una segunda alternativa sería desplazar la ruta hacia el sur (San Lorenzo). Esta opción evitaría completamente el área biológica importante de Brito, proporcionaría una mayor amortiguación a La Anciana, reduciría los impactos a la comunidad agrícola en el valle de Brito, evitaría el reasentamiento de la comunidad de Río Grande y disminuye el costo de adquisición de tierras. La alternativa de San Lorenzo, sin embargo, podría tener un alto costo, lo cual está siendo evaluado y afectaría instalaciones turísticas existentes.

Entre las medidas de mitigación adicionales se encuentran:

- Mantener un búfer de 5 km a La Anciana en términos de dragado, desarrollo portuario y señalado nave canal.

- Apoyar el trabajo de las ONG para mejorar los esfuerzos de protección a las tortugas marinas (captura de individuos y recolección de huevos).

- Apoyar la conservación y mejoramiento de las áreas remanentes del *habitat* de bosque seco en esta porción de la costa.

- Reforestar con especies nativas el corredor del canal para minimizar el efecto de la fragmentación/barrera y para aumentar la estética y el turismo potencial del canal.

- Desarrollar e implementar un plan de tráfico de buques que minimice los impactos sobre los mamíferos y las tortugas marinos.

Así, una vez valorados todos los posibles impactos y las estrategias pertinentes antes descritas aquí, se decidió diseñar finalmente la ejecución del proyecto y su acabado. Conforme a este diseño[44] el proyecto general comprenderá seis subproyectos a saber:

- **Canal interoceánico (con esclusas incluidas):** La entrada del Canal en el lado Pacífico está cerca de la desembocadura del río Brito. La entrada Oeste del canal al Lago de Nicaragua está ubicada al Sur de Rivas, y la entrada Este al lago está ubicado al Norte de Tule. La entrada del canal en el lado del Mar Caribe está cerca de la desembocadura del río Punta Gorda. El Canal cruzará el territorio nicaragüense de Este a Oeste, con una longitud total estimada de 278 km, incluyendo un tramo de 105 km en el Lago de Nicaragua. El ancho del canal es de 230~520m, y la

---

[44] La información restante en este epígrafe en lo que respecta al diseño del Gran Canal fue tomado del informe oficial de diseño del Proyecto del Gran Canal.

profundidad es de 27.6-30m. El Canal permitirá el paso de portacontenedores de 25,000 TEU, barcos graneleros de 400 mil toneladas y petroleros de 320 mil toneladas. La capacidad del canal es 5,100 barcos anuales, con 30 horas de tránsito por cada barco. Se construirán 2 esclusas en el canal. En el lado Pacífico, la esclusa Brito estará ubicada cerca de la comunidad de Río Grande en el Departamento de Rivas, y la esclusa Camilo, del lado del Caribe, se encontrará cerca de la confluencia del Caño Eloisa y el Río Punta Gorda. Las esclusas son de 1 vía y 3 escaleras continuas. A fin de ahorrar los recursos hídricos y reducir los gastos de agua en las esclusas, se instalará 3 estanques de ahorro de agua para cada escalera.

El canal aprovechará principalmente el agua captada de la cuenca del Río Punta Gorda, la oferta de la cual es suficiente para la operación del canal. No obstante, con la construcción del Gran Canal, se formará cerca del lado Caribe un lago artificial, similar al Lago Gatún de Panamá, cerca de Atlanta (se denominará Lago Atlanta) con una superficie de 395km(2), cuyo nivel de agua se mantendrá igual que el del Lago de Nicaragua. Se desarrollará como centro de ecología, turismo y acuicultura.

- **Puertos**: Se planea construir un puerto por cada lado del canal, tanto del Pacífico como del Caribe. Se determina preliminarmente la obra del puerto del lado

Pacífico como la obra de inicio. Después de una comparación integral, se recomienda construir el puerto de Punta Águila del lado de Caribe.

Fase de construcción Puerto de Brito: se construirá 1 muelle de petroleros y 1 muelle multifunción.

Fase de operación Puerto de Brito: después de terminar la construcción del proyecto, el muelle de multifunción servirá como muelle para la Zona de Libre Comercio, y el muelle de petroleros servirá para la importación de productos petroleros y el suministro de combustible a los barcos. La capacidad anual llegará: 2.8 millones de toneladas de productos petroleros y 1.95 millones de TEU de contenedores.

- **Zona de Libre Comercio**: se construirá y desarrollará una con el apoyo del puerto, ocupando un área de aprox. 34.56 km². Después del análisis y comparación, se recomienda establecer la Zona de Libre Comercio en Brito. La ubicación de la Zona de Libre Comercio está a 20 km de la Carretera Panamericana y Rivas al Este, a 120km de la capital Managua al norte, a 8 km del complejo turístico planeado al Sur, y a 17km de San Juan, una ciudad turística, al Sur. Está a 16 km del nuevo aeropuerto de Rivas. La Zona de Libre Comercio se divide en 4 zonas funcionales: zona de Libre Comercio, zona de oficinas financieras, zona de procesamiento para la exportación y zona urbana.

Zona funcional de libre comercio: Con la ventaja del desarrollo del Gran Canal, tanto como la infraestructura de puerto, carreteras, aeropuerto, se establecerá una **Zona de Libre Comercio**, con una área de 4.34Km2, que ofrecerá 30 mil puestos de trabajo, y su monto total de comercio de exportación e importación del año 2030 llegará a 25,000 millones de USD.

Zona functional de oficinas financieras: Esta zona se enfocará en ofrecer los servicios financieros, comerciales y de transportación. La zona tiene una área de 0.82 km2 y ofrecerá 25 mil puestos de trabajo.

Zona de Procesamiento para exportación: Con una área de 7.87Km2, que ofrecerá 58 mil puestos de trabajo, y el monto total de comercio llegará a 2,000 millones de USD en el año 2030.

Zona Urbana. Se establecerá una Zona Urbana con una área de 15.08 km2 capaz de albergar 140 mil habitantes.

- **Complejos turísticos**: Según los requerimientos del proyecto del Gran Canal de Nicaragua, los recursos turísticos y la tendencia del desarrollo de turismo, los complejos turísticos serán: Campo de Servicio Superior durante la ejecución del proyecto (destino de turismo para los ciudadanos nicaragüenses), así como un complejo turístico temático de costa de 1er nivel en el mundo.

El Complejo Turístico de San Lorenzo ocupará 6,94m2. La superficie total construida será de 373,6 mil m2 con 761 villas en total. Tendrá un hotel con 1400 habitaciones y hasta 2200 camas y ofrecerá unos 3200 puestos de trabajo.

Hotel Costero de Negocios: El hotel ofrecerá servicios a los oficiales administrativos de la ejecución del proyecto y una pequeña cantidad de turistas. Además poseerá unas 300 habitaciones y una superficie de 30,4 mil m2.

Hotel costero tipo Boutique: El hotel ofrecerá servicio a los turistas superiores. Se ubica en la parte oeste del complejo y se distingue por las villas costeras. La superficie total construida es de 19, 8mil m2 con unas 194 habitaciones.

Hotel Costero Vacacional: Ofrecerá variados productos de alojamiento con un área de construcción de 42 900 km2 y 400 habitaciones en total.

Villas costeras Vacacionales: Se construirán también villas con servicios en estas zonas con una superficie de 400m2 cada villa.

- **Aeropuerto**: La ubicación preliminar del aeropuerto está a 8 km al Norte de Rivas, con un área aproximada de 2.5 km2. Está a 16 km de la Zona de Libre Comercio y Puerto, a 22km del Complejo Turístico. El proyecto del Aeropuerto es la instalación básica del proyecto del Canal, que ofrecerá servicio conveniente para los sub-proyectos como el Canal, los puertos, la Zona de libre comercio y los complejos turísticos. También la realización del proyecto puede mejorar en gran medida la actual situación de inaccesibilidad de Nicaragua con el mundo, reduciendo considerablemente el tiempo de transporte. Es muy significativo para atraer inversión de importantes y grandes proyectos de inversión de construcción y también para el éxito de las negociaciones oficiales y empresariales. Según la previsión, se construirá 1 pista y dejará espacio para la construcción de una segunda. Según lo planeado, la clase de espacio aéreo es 4E. El aeropuerto tendrá una capacidad de 1.05 millones de personas, una pista de 3200m y el terminal de 15 mil m2. Se mantendrán las funciones del aeropuerto en Managua, y el de Rivas servirá principalmente para rutas internacionales de largo y de medio alcance.

- **Carreteras:** Recuperar la red vial cortada por la construcción, y conectar los sub-proyectos. El sistema de carreteras se divide en 4 clases, que son autopista, carretera principal, carretera secundaria, y vía colectora. La longitud total de las carreteras es 595.66km y la densidad de la red vial es 16.1km/km2.

Al mismo tiempo, a fin de garantizar el suministro de materias y energía durante la ejecución del proyecto y la operación del mismo, HKND ha sugerido, entre otros, los subproyectos de Plantas de Electricidad, de Acero y de Cemento; los cuales están en proceso de estudio de factibilidad. Durante la ejecución del proyecto, se instalarán 41 depósitos de material excavado a lo largo del canal, que ocuparán un área territorial total de 158km2. La superfice de estas zonas será aplanada y podrá ser utilizada como tierras agrícolas de alta calidad o para otros própositos después de tomar medidas de restauración.

## 4. El debate entorno al canal nicaraguense.

Como hemos visto hasta aquí, existen aparentemente sobradas razones y lógicos argumentos para aprobar la existencia y materialización de un proyecto tan importante como es el Gran Canal de Nicaragua. De lo que no cabe dudas es que, en contraposición al mismo, cada día se alzan más voces que intentan presionar al gobierno nacional nicaraguense a que desista de una vez y por todas de su empeño por el canal. Algunos como VOLKER WÜNDERICH, aunque este último se manifiesta en tal sentido de una manera relativa, consideran que la existencia de este proyecto es innecesaria debido a que hasta el simple cambio climático podría abrir rutas alternativas de Asia a Europa en el Mar Ártico.[45] JEAN-PAUL RODRÍGUEZ, renombrado especialista canadiense en geografía de transporte, comenta: "No puedo ver cómo este canal podría ser justificado en términos financieros y económicos. Podría ser el elefante blanco más grande de la historia humana."[46] RALPH LESZCZYNSKI, experto de la agencia marítima Banchero Costa en Londres, dice: "No hay justificación ninguna para un nuevo canal en Nicaragua."[47] Al parecer de KINLOCH TIJERINO el canal de Nicaragua representa una amenaza para la soberanía nacional ya que para consolidar dicha soberanía el gobierno nacional debe cederla prácticamente a un ente externo para su financiamiento.[48] En su texto citado WÜNDERICH manifiesta:

[45] VOLKER WÜNDERICH: Ob. Cit. P. 26.
[46] Citado por VOLKER WÜNDERICH en ob. Cit. P.26.
[47] RÍOS, J: A canal across Nicaragua: Is this for real?. Tico Times. Recuperado el 20 de febrero de 2014, de http://www.ticotimes. net/2014/02/19/a-canal-across-nicaragua-is-this-for-real.    Citado por Volker Wünderich en ob. Cit. P.26.
[48] KINLOCH TIJERINO, F.: El Canal Interoceánico en el Imaginario Nacional. Nicaragua, Siglo XIX. Taller de Historia, (6). Managua: IHNCA.1994. Nicaragua.

"Una mirada al texto de la concesión pública para el Sr. Wang Jing (Asamblea Nacional de Nicaragua, 2013) confirma los peores temores al respecto: la compañía HKND obtiene el derecho exclusivo de financiar, construir y operar el Gran Canal, más puertos, líneas de ferrocarril, aeropuerto, oleoducto, etc. por un lapso de cincuenta años. La concesión es prorrogable por cincuenta años más. Como "contraprestación" por la concesión, la HKND está obligada a pagar a la Autoridad Nacional (AGCI) una suma mínima de "hasta diez millones de US$" al año durante 10 años. La AGCI teóricamente participará de los ingresos del canal por convertirse en un accionista de la empresa operadora del canal (el HKND Group Holdings Ltd., registrada en Islas Caymán). Según la concesión empezará con el 1% de las acciones al principio, y el porcentaje se elevará al ritmo de uno por ciento por año; o sea, que después de 10 años, la transferencia alcanzaría el 10%, después de 50 años, 50% etc. La compañía HKND obtendrá amplios derechos para la construcción y operación del canal, los cuales se harán sentir inmediatamente en forma de expropiaciones. Esos derechos se refieren potencialmente a todo el territorio nacional, puesto que el canal atravesará todo el país, y la ruta todavía no ha sido detallada. La compañía HKND tendrá exención de impuestos para todos sus *negocios y sus empleados extranjeros. Otras condiciones, como por ejemplo, estándares laborales, sociales o ecológicos, no aparecen. Demandas por daños materiales o ambientales están expresamente excluidas. En efecto, la empresa no tiene más obligaciones que la construcción del canal. Tal obligación ni siquiera tiene plazo, y no están previstas sanciones. El Estado, por su lado, no sólo otorga la concesión sino que contrae un gran número de obligaciones. Posiblemente tendría que enfrentar demandas por daños y perjuicios de parte de la companía."*

Según el economista Adolfo Acevedo:[49]

*"el proyecto podrá terminar en una aventura y el proceso de realización habla de una improvisación alarmante. Los efectos del canal no serán sustentables, sino destructivos. Después de la fase inicial y su importante auge temporal amenazará la llamada enfermedad holandesa, porque las entradas masivas de capital provocarán una inflación, encarecerán las exportaciones y causarán un estancamiento económico. El enclave del canal no se integrará a la economía nacional y*

---

[49] ACEVEDO, A. *"El Canal y la ilusión del desarrollo."* Envío, (377). Recuperado el 14 de septiembre de 2013, de http://www.envio.org.ni/ articulo/4720. (2013, agosto). Citado por Volker Wünderich en ob. Cit. P. 31.

*la renta por las ventajas geográficas de la ruta de Nicaragua quedará en manos del monopolista Wang Jing y no del Estado nicaragüense."*

Se considera que al ser el Gran Lago de Nicaragua la reserva de agua dulce más grande de Centroamérica este merece una atención especial por parte del gobierno. Entonces, el hecho de utilizarlo como parte del canal para el paso de barcos petroleros de hasta 250 000 toneladas pone en peligro una fuente de agua dulce para muchas especies de plantas, animales y para la misma actividad agrícola y asentamientos humanos. Respecto al impacto ambiental negativo que puede tener este Proyecto Campos Cuba[50] manifiesta:

*En la actualidad todo el mundo busca cómo conservar el agua dulce y nosotros estaríamos botándola. Casi medio millón de metros cúbicos de agua dulce se irían con cada barco al mar. Ese es otro de los contrasentidos de este proyecto: desperdiciar agua dulce potabilizable.*

Por su parte, Alberto Alemán Zubieta, especialista panameño y exadministrador del canal de Panamá, manifestó que el canal nicaraguense era inviable por encontrarse a mayor altura que el canal panameño y ser mucho más largo. Además agregó que dicho canal

---

[50] CAMPOS CUBAS, V. M. : *El Canal hará un daño irreversible al Lago Cocibolca. Envío* (376) (2013, julio).P.19.

era innecesario para centroamérica e implícitamente lo tildó de no ser más que un capricho de los nicaraguenses.[51]

Por su parte DESIRÉE ELIZONDO, importante figura en la creación de leyes ambientales y estudios de impacto ambiental en Nicaragua, destaca textualmente lo siguiente en sus reflexiones sobre el camino recorrido por el megaproyecto nicaraguense:[52]

" *Hablemos de los megaproyectos. La Universidad de Cambridge ha publicado un libro que recomiendo para entender de qué se trata en estos enormes proyectos de infraestructura. Los autores del libro son Bent Flyvbjerg, danés; Nils Bruzelius, sueco; y Werner Rothengatter, alemán. El título es "Megaprojects and Risk: An Anatomy of Ambition" (Megaproyectos y riesgo: una anatomía de la ambición). Los autores han estudiado unos cincuenta megaproyectos desarrollados en el mundo en los últimos treinta años, enfocándose principalmente en los realizados en los últimos diez años. Y demuestran que todos,*

---

[51] MELENDEZ, JOSÉ: *El canal que proyecta Nicaragua es inviable* en periódico *El País*. Publicado el 10 de junio de 2013. Obtenible en http://internacional.elpais.com/internacional/2013/06/10/actualidad/ 1370895672_183792.html. Consultado el 26 de junio de 2015 a las 11:44hrs.
[52] ELIZONDO, DESIRÉE: *Lo único que cabe aquí es exigir la anulación de la concesión canalera* en sitio web *Envío Digital* , No 401. De la Universidad central de Nicaragua. Publicado agosto de 2015. Obtenible en www.envio.org.ni. Consultado el 16 de agosto de 2015.

*absolutamente todos, tienen un pobrísimo desempeño y que ninguno ha conseguido los beneficios que anunciaron tendrían. Hablan muy elocuentemente. Dicen, por ejemplo: "La escala económica, el alcance físico-espacial de los megaproyectos de esta época es tal que toda una nación, o grupo de naciones, se ven afectadas, tanto en el mediano como en el largo plazo, sólo por el éxito o sólo por el fracaso de uno de ellos". También alertan: "Estamos ante un nuevo animal político y físico". Así llaman a esas infraestructuras multimillonarias desarrolladas en los últimos años en Europa, Asia y África, que conocemos como megaproyectos.*

*Quiero resumir algunas de las conclusiones de este estudio porque no existe ninguna razón para pensar que en Nicaragua las cosas vayan a ser diferentes. Los autores demuestran que todos los megaproyectos estudiados se han promovido y aprobado con engaño. Se preguntan si se habría aprobado uno sólo de estos proyectos si los datos reales se hubieran hecho públicos desde el inicio. Y concluyen que, de hecho, son una estafa pública: los Estados han tenido que salir al rescate con recursos públicos, en todos los casos los costos reales han sido muchísimo más altos que los anticipados y los réditos económicos anunciados han sido muchísimo más bajos, poniendo en riesgo la viabilidad del megaproyecto en cuestión, y en muchos casos han presionado al Estado para rescatarlos de la quiebra. Algo así como lo que sucedió con la burbuja financiera durante la crisis inmobiliaria en*

*Estados Unidos: viene el colapso, el dinero tiene que salir de algún lado, los inversionistas no se hacen cargo, se hace cargo el Estado y quien paga al final es la población. También demuestran los autores que en los megaproyectos existe siempre un patrón: nunca se hace lo que se anuncia que se va a hacer, siempre el megaproyecto sufre grandes o parciales modificaciones sobre lo que originalmente se anunció. Así que si en Nicaragua se habla de construir un Canal Interoceánico, tal vez Wang Jing termine como propietario de una gran minería, de hoteles turísticos o se convierta en un gran ganadero... Los autores afirman que las grandes masas de dinero que implican los megaproyectos pueden poner en riesgo las finanzas de un Estado durante años. Y prueban que los problemas sociales y ambientales que provocan son "sistemáticamente tan mal calculados y minimizados al inicio, que estos problemas, que no se pueden ocultar y van a florecer en algún momento, han terminado representando costos de al menos un 5-10% del costo del megaproyecto".*

Independientemente de la razón o no que puedan tener todos estos especialistas existe una opinión pública a lo interno de Nicaragua que obliga cada vez más al debate sobre la idoneidad del proyecto en cuestión. Ello es bueno, justo y democrático siempre y cuando se fundamente en la transparencia, conocimiento y objetividad de los argumentos, ya sea en favor o en contra del proyecto. Con ello queremos decir que no basta en criticar por criticar o repetir frases que imponen los medios sin tener siquiera fundamentos lógicos e información fidedigna para promulgar un debate oficialista u opositor al respecto. Es función del gobierno informar cabalmente desde su estructura funcional todo lo referente al proceso de dicho proyecto e instruir a la sociedad nicaraguense sobre la base de la objetividad y los intereses nacionales. Por otro lado, el debate internacional al respecto es más complejo pero también más sectorizado entre los que tienen intereses politicos, económicos o ambos.[53] Lo que sí debemos destacar aquí es simplemente que el Proyecto del Gran Canal nicaraguense debe concebirse como un resultado de la voluntad mayoritaria de los nicaraguenses y destinado fundamentalmente hacia el desarrollo futuro de esa propia sociedad. Consideramos además que los tropiezos y riesgos son lógicos en este tipo de programa y corresponde al Estado y a los inversionistas preverlos y evitarlos o al menos amortiguarlos en lo posible. La pregunta que se impone entonces es: ¿Cuáles son los intereses que se religan tras este debate? ¿Quiénes son los actores extremos tras el debate sobre la idoneidad o no del canal? .

---

[53] Sobre las particularidades de dichos intereses hablaremos en los siguientes capítulos.

# Capítulo II: Panamá, Costa Rica y Estados Unidos: sus posiciones geopolíticas respecto al Nuevo canal de Nicaragua.

**Sumario**: **1.Panamá y el vínculo de sus intereses respecto al canal nicaraguense.** *1.1. Limitaciones del Canal de Panamá. 1.2. Aspiraciones futuras sobre Canal Paname;o. 1.3. Geopolítica de Panamá en Centroamérica.* **2. Costa Rica y su relación con el Gran Canal de Nicaragua.** *3. Geopolítica estadounidense en Centroamérica. 3.1. Estados Unidos y el canal Nicaraguense.*

## 1.Panamá y el vínculo de sus intereses respecto al canal nicaraguense.

Panamá es el único país que hasta el momento posee un canal que conecta al Mar Caribe con el Pacífico. Aunque este pudiera devenir potencialmente obsoleto a las exigencias del mercado marítimo internacional, no podemos descartar la realidad de que sigue siendo una ruta preferida y necesaria para el comercio naval. A pesar de ello, la presencia de un canal paralelo en el hermano país nicaraguense representa una competencia que por su diseño y estructura influirá en la disminución de los ingresos significativos del canal panameño a mediano y largo plazo. Con ello queremos significar que el Gran Canal de Nicaragua será una competencia indeseable para los propietarios y beneficiados del canal panameño y esa es una realidad que nadie puede negar; aún cuando se diga que ambos se complementan y coexistirán sin contradicción alguna. En esta competencia Nicaragua tendría la de ganar sin lugar a dudas por estar más ajustado a las exigencias navales modernas y por tener como operador principal a China que es el país que más comercializa entre el pacífico y el Caribe, o al menos está llamado a serlo en los próximos años. A ello sumamos la existencia del megapuerto del Mariel en Cuba que por su proximidad con  el canal nicaraguense lo hace más atractivo ante cualquier ruta trasatlántica o suramericana que busque una salida hacia el Pacífico. Todo ello obliga a que los intereses panameños hacia el canal nicaraguense no se hagan esperar en manifestarse de diversas maneras que estudiaremos en este y otros capítulos siguientes. Pero también se verán religados en estos intereses los de sus aliados; digamos que enfatizando aquella máxima que dice que "el enemigo de mi enemigo es mi amigo". Claro está que no podemos categorizar a Panamá y Nicaragua como enemigos, porque de hecho no lo son, pero sí entrarán en eminente competencia en el ámbito del comercio naval.

Ahora bien. ¿Cómo determinar estos intereses de Panamá sobre el Canal Nicaraguense.? ¿Cuál es la naturaleza de esos intereses.? ¿Existe una colisión de intereses entre ambos países respecto a las aspiraciones futuras de cada canal?. ¿Cómo se manifestaría dicha colisión? Pues lógicamente, los intereses de Panamá sobre el canal vecino parten de sus propias limitaciones. Ellos es decir que el canal de Nicaragua fue diseñado desde un primer momento como un instrumento de competencia comercial con su par Panameño. Por eso no es desacertado afirmar que el Canal nicaraguense es simplemente un diseño superado de las limitaciones del Canal de Panamá. De ahí parte el interés competitivo de Panamá y sus aliados por superar al nuevo canal nicaraguense ( lo cual es poco probable) o la pretensión de que el mismo nunca se de a lugar. Entonces queda claro que la naturaleza de estos intereses, en principio, es puramente económica, pero no se limitan solamente al factor económico. Evidentemente existe una colisión de intereses que se expresan también en las pretensiones y estrategias geopolíticas de las naciones implicadas y sus respectivos aliados, tal y como analizaremos mas adelante.

## 1.1. Limitaciones del Canal de Panamá.

Como hacíamos mención en el epígrafe anterior, los intereses de Panamá sobre el canal vecino parten de sus propias limitaciones. Entonces, cuáles son esas limitaciones?

Pues bien, en esencia, el canal panameño hasta el momento no cumple con la exigencia de tamaño y volumen de las nuevos navíos empleados en el comercio marítimo internacional. No obstante, otra de las limitaciones del canal panameño es que no cumple con las expectativas geopolíticas de países como Brasil, China, Rusia y Cuba que siempre, desde los tiempos remotos del coloniaje español, fue vista como una joya del comercio marítimo internacional por su posición geográfica entre las dos Américas y entre el Viejo y el Nuevo mundo.

Entonces podemos decir que las limitaciones del Canal de Panamá se resumen en dos: Por un lado, su imposibilidad actual de satisfacer la demanda mundial del tránsito de grandes navíos y en cantidades mayores y, por otro lado, al estar enclavado en Panamá y dada la política exterior de su gobierno, no cumple la expectativas geopolíticas de aquellos países que poseen una mayor necesidad de su uso y a su vez tienen el caudal necesario para financiar su modernización y ampliación.

## 1.2. Aspiraciones futuras sobre Canal Panameño.

Conforme a la posición oficial declarada por el gobierno panameño, [54] el Canal de Panamá tiene cinco aspiraciones a mediano y largo plazo a saber:

- Incrementar la rentabilidad del canal de forma sostenible y en beneficio del país.
- Incrementar la oferta de productos y servicios para de esta forma aprovechar mejor las oportunidades que el mercado ofrece.
- Ejercer un gobierno coorporativo utilizando, entre otras, las prácticas de negocio que facilita el propio canal.

---

[54] Al respecto *vid*: Portal web oficial del Canal de Panamá. Obtenible en http://micanaldepanama.com/nosotros/sobre-la-acp/rendicion-de-cuentas/objetivos-estrategicos/. Consultado el 26 de junio de 2015 a las 9:34hrs.

- Administrar eficientemente el recurso hídrico que ocupa la Cuenca hidrográfica del canal.
- Aumentar la productividad mediante la excelencia laboral y del tratamiento a los recursos humanos.

Las autoridades panameñas conocen perfectamente bien el hecho de que el canal nicaraguense obedece a razones geopolíticas que se contraponen a la propia naturaleza mercantilista del canal panameño y la estrategia geopolítica del propio gobierno. Con ello queremos decir que el gobierno panameño está consciente de que el canal nicaraguense a mediano o largo plazo será un obstáculo a la consolidación de la geopolítica regional de Panamá en su intención de convertirse en un líder centroamericano y el principal aliado de Estados Unidos y la Unión europea en Centroamérica. Por estas razones antes expuestas, la primera aspiración o meta del canal panameño es ampliarse y superar esas limitaciones actuales sobre las cuales se fundamenta el proyecto del canal nicaraguense.

Ahora bien, para ello el gobierno panameño ha invertido todas sus fuerzas y recursos en acelerar el proceso de ampliación de su canal. El objetivo queda explícito en su página web oficial cuando manifiestan que dicho proyecto ayudará a mantener la competitividad del Canal y el valor de la ruta marítima a

89

través de Panamá.[55] Así el 3 de septiembre de 2007, año en el que Daniel Ortega inicia su mandato como presidente por segunda vez en la historia de Nicaragua, se inician las labores constructiva de la ampliación del canal de Panamá. Para ellos se requería 5 250 millones de dólares, de los cuales 2,3 mil millones provienen de Estados Unidos, dato importante para nuestros análisis posteriores. Para lograr este financiamiento estadounidense el gobierno panameño tuvo que firmar contratos con un grupo de entidades de créditos multilaterales y bilaterales como el banco europeo de inversiones de quien recibió 500 millones de dólares.[56] En dicho sitio web se establece literalmente lo siguiente:

*"Panamá tomó la decisión de ampliar esta ruta añadiéndole un tercer carril de tránsito para duplicar su capacidad. La ampliación del Canal de Panamá consiste en la construcción de dos complejos de esclusas de tres niveles cada una con tres tinas de reutilización de agua por nivel, una en el lado Pacífico y otra en el lado Atlántico. Este programa conlleva también el ensanche y profundización de los cauces de navegación existentes del Lago Gatún y de las*

---

[55] *Ibídem.*
[56] Al respecto *vid*: Portal web official del canal de Panamá. Sección de preguntas frecuentes. Obtenible en https://micanaldepanama.com/ampliacion/preguntas-frecuentes/. Consultado el 26 de junio de 2015 a las 10:01hrs.

*entradas del mar del Pacífico y del Atlántico, así como la profundización del Corte Culebra. Las nuevas esclusas del Canal de Panamá permitirán el paso de entre 10 y 12 buques Neopanamax, para un aproximado de 40 tránsitos diarios por el Canal de Panamá, dependiendo de la mezcla de buques."*

Con todo lo expresado hasta aquí en este epígrafe queda claro que el proyecto de ampliación del canal de Panamá obedece claramente a una mentalidad competitiva del gobierno Panameño y de Estados Unidos respecto a la futura competencia nicaraguense y China. No obstante, de lo que poco se habla en los medios y la prensa escrita es sobre las verdaderas intenciones que se esconden detrás de toda esta supuesta competencia por el mercado marítimo.

## 1.3. Geopolítica de Panamá en Centroamérica y el Caribe.

Las verdaderas intenciones detrás de esta contienda o competencia por el Mercado marítimo regional entre Nicaragua y Panamá no es más que un teatro para disfrazar las verdaderas intenciones geopolíticas que se contraponen en Centroamérica actualmente. Como habíamos hecho mención anteriormente, esta situación debe ser vista metafóricamente como un juego de ajedrez geopolítico en el que Panamá y Nicaragua no son más que fichas utilizadas, si así pudiéramos llamarle, por China y Estados Unidos. Claro está que tanto los gobiernos de Panamá como de Nicaragua no son ingenuos ni fichas o títeres literalmente hablando. Lo que ha sucedido aquí es que los intereses de Nicaragua y China en la región, aunque son diferentes, se complementan perfectamente y lo mismo sucede entre Panamá y Estados Unidos. Como que diríamos en argor popular latinoamericano que "una mano lava la otra y las dos lavan la cara". Esto es lo que está pasando entre los dos países y el pretexto es precisamente los dos canales. Entonces, para desenterrar y comprender las verdaderas intenciones geopolíticas de estos gobiernos implicados debemos ir por pasos.

En un inicio analizamos en los primeros epígrafes de esta obra cómo surge la idea del canal de Nicaragua y el de Panamá y en qué circunstancias se desarrollan hasta la actualidad. Después vimos cómo se manifiesta intrínsecamente la rivalidad comercial por el mercado marítimo en la región y anunciamos cómo se refugia en dicha rivalidad las verdaderas desavenencias geopolíticas del gobierno panameño y nicaraguense. Ahora corresponde analizar en que consiste precisamente esa desavenencia geopolítica e iniciaremos por Panamá.

Durante el foro *invertir en Panamá* celebrado el 10 de junio de 2013 y organizado por el periódico "El País" y

PRISA Radio el ciudadano Alberto Alemán, exadministrador del canal manifestó: "Cuando el 31 de diciembre de 1999 nos devolvieron el Canal no solo recibimos una infraestructura, sino el control de nuestra geografía."[57] Este comentario fue realizado en un ambiente en el que intentaba destacar que la posición geográfica de Panamá y su dominio sobre el canal lo convertía en uno de los países más competitivos y globalizado de América Latina y el Caribe.[58] Aunque parece ingenuo, este comentario encierra la clave de la estrategia geopolítica del gobierno panameño a largo plazo. Bajo la supervisión militar norteamericana Panamá es, por primera vez, propietaria de su canal. Es decir, que posee facultades de uso, disfrute y disposición sobre el canal.[59] Ahora los panameños están en condiciones de trazar su propia estrategia geopolítica sobre la base de la satisfacción de sus intereses nacionales y no los de una potencia

---

[57] PRADOS, LUIS: *Panamá, Una cita para la geopolítica* en periódico *El País*. Artículo publicado el 10 de junio de 2013 a las 22:12 CET. Obtenible en http://internacional.elpais.com/internacional/2013/06/10/actualidad/1370895171_613986.html. Consultado el 26 de junio de 2015 a las 11:17hrs.

[58] *Ibídem.*

[59] En este sentido se dice que la facultad de disposición que tienen los panameños es bastante limitada porque la presencia militar con motivo de protección militar de Estados Unidos es una limitante para todos aquellos actos del gobierno panameño que pongan en manos de potencias extranjeras al canal o brinden servicios muy favorable a países que geopolíticamente no sean del agrado de los Estados Unidos.

extranjera( al menos potencialmente). Este fue el punto de partida del viraje geoestratégico de Panamá.

Para lograr esto lo primero que debía hacer Panamá era trazarse una estrategia, la cual no era más que convertirse en el núcleo del comercio marítimo regional y de la misma forma que se proyectaba geográfica y comercialmente se iba a proyectar consecuentemente políticamente. Vamos a explicar esta geopolítica con mayor precisión a continuación.

La geopolítica, entendida como una ciencia que se ocupa del estudio de la causalidad espacial de los sucesos políticos y de los próximos o futuros efectos de los mismos se manifestó en Panamá en el hecho de que su posición geográfica la ubica exactamente entre las dos América y, además, entre los dos océanos. Esta situación se acentúa más cuando analizamos que el canal además de una vía de tránsito se convierte en un puente entre las Américas y entre los dos océanos que los panameños pueden abrir y cerrar a su antojo. Ello es significativo ya que Panamá, gracias a su canal, deviene en la llave que puede facilitar o no la geo-comunicación en el mundo. Los panameños son conscientes de ello y lo han empezado a utilizar a su favor. Así inicia la geopolítica panameña en Centroamérica y el Caribe.

Conforme a la estrategia geopolítica panameña, una vez que ellos lograsen convertirse en el centro del comercio marítimo regional y llamar la atención de la importancia estratégica que ese pequeño país tiene para el mundo, tal y como han hecho insistentemente en cuanto espacio se les propicia, buscarían la forma de asociarse con las potencias que pueden brindarles mayores beneficios. Ello es decir, que buscarían la forma de convertirse en los principales aliados de Estados Unidos y la Unión Europea en la región centroamericana y, si fuera posible, en toda Latinoamérica y el Caribe. Para ello deben lograr tres cosas fundamentales en las cuales han trabajado insistentemente:

1- Ser exclusivos: ello quiere decir que ser los únicos que puedan gozar de los privilegios geográficos que los ubica en una situación ventajosa en Centroamérica es un paso al éxito de sus pretensiones geopolíticas.

2- Ser necesarios: Ello se debe a que el hecho de tener el dominio del canal los convierte realmente en un foco de atención. Claro está que el tratamiento por parte de los gobiernos europeos y asiáticos para con los panameños y especialmente sus líderes gubernamentales debe cambiar drásticamente para bien. Esto se traduce en que Panamá es necesaria para ellos.

3- Ser punto de referencia internacional: Panamá necesita además convertirse en un punto de referencia internacional; pero por su calidad de socio comercial. Ello quiere decir que el gobierno panameño busca, por todos los medios posibles, cambiar la imagen que desde hace mucho tiempo se tenía de Panamá como paraíso fiscal y zona idónea para el lavado de dinero y por sus altos niveles de corrupción. El gobierno panameño busca proyectar una imagen de estabilidad comercial(lo cual no es falso, basta ver los indicadores de crecimiento en los últimos años) y para ello han trabajado arduamente en el desarrollo del país, especialmente en aspectos como la educación y la construcción.

4- Ser un líder regional: el gobierno panameño necesita afianzarse y destacarse como lider regional. Ellos han avisorado que las Américas se dividen en dos grandes grupos políticos. Por un lado están aquellos que están más abiertos a políticas neoliberales como lo son los países de la llamada Alianza del Pacífico y, por otro lado, están los que abrazan políticas más socialistas o de izquierda como son los países del ALBA. También existen otros que adoptan posturas eclécticas pero que de igual manera son muy relevantes en la región. Ese es el caso de Brasil y Argentina, por ejemplo. Lo cierto es que para Panamá, en sus condiciones actuales y específicamente las condiciones de conflicto diplomático que vive hoy Centroamérica por cuestiones de orden fronterizo, la solución no ha podido ser otra que buscar dicho liderazgo de la manera más lógica posible en estos casos: sirviendo de conciliador. Es por eso que hemos visto a Panamá ser sede de varios eventos importantes para la región en los últimos años.

Como es evidente, el canal de Panamá y su rentable productividad es la clave de su geopolítica actual. También es evidente que una competencia en la misma región da al traste con dicho cometido. A las autoridades panameñas no les ha quedado de otra que desplegarse sigilosamente en una campaña desacreditadora sobre el futuro del canal nicaraguense. Sobradas son las manifestaciones de sus funcionarios gubernamentales en contra de cualquier pronóstico de éxito para sus vecinos centroamericanos sandinistas.

Como segunda cometida del gobierno panameño está entonces tomar postura dentro de los conflictos existentes en Centroamérica, especialmente entre los que vinculan a Nicaragua. Tal es el caso del conflicto fronterizo con Costa Rica por el río San Juan y las Islas Calero; así como más recientemente el conflicto entre Colombia y Nicaragua por la disposición marítima de Colombia sobre un porciento de mar que fue concedido a Nicaragua por el tribunal de la Haya tras litigación encausada por los mismos nicaraguenses. Es así que se ha observado un acercamiento político entre los gobiernos de Costa Rica, Colombia y Panamá.[60] De igual manera sucede con el acercamiento diplomático entre Panamá y Estados Unidos en lo que a política regional se refiere.

La geopolítica panameña va a encaminada más tarde o más temprano, y de ello ya da muestras, a desacreditar internacionalmente el proyecto nicaraguense y formar una opinión pública negativa al respecto. Esta situación va a dar lugar paulatinamente a que los propios nicaraguenses duden de la operabilidad de su proyecto y los criterios encontrados se empiecen a manifestar a lo interno del país sandinista.

## 2. Costa Rica y su relación con el Gran Canal de Nicaragua.

La relación del canal nicaraguense y Costa Rica, al menos en lo que al tema tratado en esta obra se refiere, parte de dos aspectos fundamentales a destacar: por un lado, las relaciones de conflictos fronterizos que históricamente han vivido los dos países y, por otro lado, la proximidad del proyecto de

---

[60] No queremos significar aquí, ni siquiera sugerir, que ese acercamiento se debe exclusivamente a un complot contra Nicaragua, pero sí significar que dicho estrechamiento de relaciones obedece a multiples razones, entre ellas geopolíticas y claro está, que el tema de los canales y los conflictos fronterizos en la región han contribuido a dicho comportamiento y manifestación.

canal sobre el río San Juan, limítrofe entre ambos países y devenido en la manzana de la discordia durante décadas.

Respecto al primero de estos aspectos debemos tener en cuenta que en varias ocasiones Costa Rica y Nicaragua han litigado por sus límites fronterizos. Los casos más antonomásicos de esta contienda entre ambos países lo son las querellas por las islas Calero y Portillos. La primera de estas(Isla Calero) se encuentra al norte de Costa Rica en su extremo noreste. Es una isla continental entre el río San Juan y el Rio Colorado con salida al mar Caribe. Los inicios de los conflictos por esta isla datan de 1856-1857, aunque posteriormente varios tratados reconocen la autoridad de Costa Rica sobre estas islas.[61] Entre el año 2010 y 2013 aconteció otro conflicto entre ambos países por razón de que las autoridades nicaraguenses habían enviado tropas militares a la isla portillo, cerca de la Isla Calero, para realizar un drenaje en el río San Juan. El gobierno de Costa Rica interpretó esta presencia militar como una invasión a la isla portillo por lo que envió agentes de la fuerza pública a la zona y el gobierno nicaraguense lo interpretó a su vez como una provocación. Aunque al final la Corte Interamericana de justicia y posteriormente el Tribunal de la Haya

---

[61] Entre estos tratados se encuentran el tratado de Cañas-Jerez del 15 de abril de 1858, el Laudo Cleveland del 22 de marzo de 1888 y los laudos Alexander de 1898.

dictaminaron en favor de Costa Rica la pertenencia de la isla Portillo y Calero, los conflictos entre ambos países al respecto no culminan. Independientemente de quién tenga la razón en este conflicto, lo cierto es que automáticamente Costa Rica se convierte en un elemento o sujeto geopolítico para aquellos que, de alguna forma u otra, no comparten los mismos ideales del gobierno nicaraguense o que les resulta desventajoso la presencia de un canal en Nicaragua.[62]

En lo que respecta al segundo elemento, la cercanía del futuro canal a Costa Rica, debemos anotar que dicho programa en un principio establecía una de sus posibles rutas muy cercanas al río San Juan: pero, como ya hicimos mención aqui, ante la protesta del gobierno costaricense esta ruta (ruta 6) fue eliminada. El problema se suscita entonces en que la ruta 4 (ruta seleccionada para el Proyecto) al atravezar el gran Lago de Nicaragua requiere que el mismo sea drenado el doble de su profundidad. Esto ocasionaría una mayor sedimentación en el Río San Juan y por transitividad en la rivera sur de este río que pertenece a Costa Rica. Al parecer, ante esta situación, el gobierno costaricense ha pedido a los Nicaraguense

---

[62] Al respecto *vid*: CASANOVA FUERTES, RAFAEL: *Los Conflictos con Costa Rica: A Nicaragua la favorecen el derecho y la Historia (1824-1888)* publicado en la revista "Ventanas de la Historia" el jueves 17 de febrero de 2011. Obtenible en http://casanovahistoria.blogspot.com/2011/02/los-conflictos-con-costa-rica-nicaragua.html . Consultado el 28 de junio de 2015 a las 18:56hrs.

información sobre el impacto ambiental que este proyecto puede acarrear.[63] Lo importante de esto es que este derecho que tiene el gobierno de Costa Rica de inquirir a Nicaragua informes sobre el impacto ambiental del drenaje del Gran lago nicaraguense se convierte a su vez en un arma de doble filo. Ello lo decimos porque evidentemente dicha excusa puede ser utilizada para exigir información al gobierno nicaraguense con la intención de obstaculizar el proyecto canalero. Por último, quisiéramos destacar que el proyecto chino-nicaraguense resulta perjudicial para Costa Rica por cuanto la separa también desde el punto de vista geográfico terreste de América del Norte y los restantes países centroamericanos del norte de Nicaragua. Esta idea pudiera parecer exagerada, pero la verdad es que ante un conflicto bélico entre Nicaragua y Costa Rica el paso y comunicación militar por la vía terrestre estaría controlada por los Nicaraguenses (exclusividad que hasta ahora poseían los panameños.) especialmente si tenemos en cuenta que Costa Rica no tiene ejército y el apoyo militar tendría que venir, como en otras ocasiones, desde Estados Unidos fundamentalmente. Con el nuevo canal, bastante amplio por cierto, Nicaragua separa(desde el punto de vista terrestre) a Costa Rica, Panamá y hasta a Colombia, sus tres posibles

---

[63] *Vid* discurso pronunciado por el presidente de Costa Rica Luis Guillermo Solís Rivera, el 1 de mayo de 2015 frente al parlamento costaricense.

contrincantes geopolíticos, del resto de Centroamérica y, sobre todo, de su principales aliados históricos, Estados Unidos y Canadá. Entonces queda claro que el canal nicaraguense también afecta de algún modo la geopolítica costaricense y, aunque estos no se han manifestado abiertamente contra el proyecto en ejecución por Nicaragua, queda claro que sus intereses geopolíticos en la región son contrapuestos al mismo.

## 3. Geopolítica estadounidense en Centroamérica.

Se dice que la geopolítica norteamericana en Centroamérica se describe como el intento de convertir esta región y la cuenca del Caribe en su traspatio o lago trasero. Desde la primera intervención militar directa norteamericana en Centroamérica en Panamá(1989) hasta su última intervención indirecta con el Golpe de Estado en Honduras(2009) parece quedar muy claro este propósito. Las razones de esta geopolítica son varias, pero las más manifiestas es el interés por proteger a toda costa y contra todo desorden las zonas más cercanas a sus fronteras. En el Caribe ya los Estados Unidos han tenido experiencias con potencias extranjeras que han puesto en peligro la llamada "seguridad nacional". Tal fue el caso de la llamada "crisis de octubre" en Cuba en el año 1962.[64] Por estas razones, desde mucho antes de

---

[64] Se denomina como tal al conflicto sucedido entre Estados Unidos, Cuba y la extinta Unión Soviética en 1962 a partir de que

la crisis de octubre o del Caribe como también se le conoce en Rusia, la labor preventiva norteamericana en los países que poseían fronteras terrestres o marítimas con ellos era prioridad en la agenda geopolítica de la nación. Pero esta estrategia de mantener un control y sometimiento de estos países a los intereses norteamericanos no se llevó a cabo solamente sobre los países fronterizos, sino también sobre aquellos que eran fronterizos con los que a su vez compartían fronteras con Estados Unidos. Ello se debía a que muchos de estos países limítrofes como Cuba y México eran y son usados como puentes para inmigrar ilegalmente hacia Estados Unidos y traficar diversas mercancías. Es así que, desde este punto de vista, Centroamérica y los restantes países del Caribe pasan también a ser una prioridad y objetivo de la geopolítica estadounidense. Por eso desde el siglo pasado es bastante visible la presencia de bases militares estadounidenses en la región. Entre estas hay asentamientos militares en *Belice* (1; Inglaterra/OTAN; entrenamiento) y *Costa Rica* (1; Liberia, EUA; asentamiento). También se conoce de una base militar en *El Salvador* (Comalapa), tres en *Honduras* (Soto Cano, incluye pista de aterrizaje; Puerto Lempira; Guanaja), En *Panamá* hay 12 bases aeronavales (Isla de Chapera, Puerto Piña en Darién; Quebrada de Piedra en Chariquí, Rambala en Bocas del Toro, Punta

---

la contrainteligencia norteamericana confirmara la existencia de bases de misiles nucleares rusos en territorio cubano.

Coco, Isla Galera, Mensabé, Coiba en Veraguas. Sherman, en Colón, Porvenir y Obaldía en Kuna Yala y San Vicente en Meteví).También en Cuba existe la base militar de Guantánamo destinada al presidio, espionaje y vigilancia electrónica.[65] En Puerto Rico las bases militares se retiraron en 2003 pero el aparato militar portorriqueño es una extensión sin lugar a dudas del aparato estadounidense.[66]

Ahora bien, otras de las razones para convertir a Centroamérica y el Caribe en objetivo geopolítico estadounidense es la utilidad de la región como fuente de mano de obra barata y de materias primas. A tales efectos desde siglos pasados se han desarrollado políticas y acuerdos que no han aportado el desarrollo económico y social esperado o prometido a los pueblos centroamericanos. Desde la creación de la *United fruit Company* en 1899 hasta los más recientes tratados de libre comercio firmados entre Estados Unidos y la región centroamericana las fustraciones económicas en la región y las diferencias sociales parecen ser ya tradición. Basta con analizar los datos de los países más pobres de Latinoamérica y encontraremos entre

---

[65] La información respecto a las bases militares fue tomado de Gallardo, Elio: "Elementos de Geopolítica en América Central" publicado en Pensar América Latina . obtenible en http://www.heliogallardo americalatina.info/index.php?option=com_content&view=article&id =321&catid=11&Itemid=106. Consultado el 6 de julio de 2015 a las 19:27hrs.
[66] *Ibídem.*

ellos varios exponentes centroamericanos. [67]
Importante resulta destacar entonces aquí que
Nicaragua ocupó el penúltimo lugar de toda América
Latina solamente superado en pobreza por Haití en
2010 conforme a los informes arrojados por la
CEPAL.[68] Por la cercanía de la región y la pobreza que
describe la misma es plataforma idónea para las
empresas norteamericanas también en el traslado de
mano de obra hacia Estados Unidos y viceversa; pues
por los bajos salarios y la distancia resulta muy
económico para los empresarios. Ya desde mediados y
finales del siglo pasado se viene experimentando en la
región una gran presencia de empresas maquiladoras
que aprovechan estas condiciones laborales existentes
en Centroamérica y los beneficios fiscales de muchos
gobiernos para establecerse en la región y, de esta
manera, acortar los gastos de traslado de mano de
obra y de tasas de seguridad social y otras
responsabilidades fiscales. A su vez, estas empresas
contribuyen al objetivo geopolítico norteamericano en
Centroamérica, pues ambos intereses( de los
empresarios y el de los políticos norteamericanos) se
complementan perfectamente.[69]

---

[67] Estadísticas oficiales del sitio web de la Comisión Regional de
América Latina y el Caribe (CEPAL). Obtenible en
http://estadisticas.cepal.org/cepalstat/WEB_CEPALSTAT/Portada.
asp. Consultado el 6 de julio de 2015 a las 20:00hrs.
[68] *Ibídem.*
[69] Respecto a las industrias maquiladoras en Centroamérica *vid*:
"La Industria maquiladora en Centroamérica: Panorama General"
Informe publicado por la Oficina de Actividad para los

Finalmente, quisiéramos agregar otra de las tantas razones estadounidenses para considerar a Centroamérica un objetivo geopolítico priorizado. Nos referimos al hecho de que la propia posición y estructura geográfica de Centroamérica la convierte en un puente terrestre hacia América del sur. Ello a su vez la convierte en un puente terrestre de América del Sur hacia América del Norte; por lo que un control absoluto de esta región le permitiría a Estados Unidos usarla como filtro social en los procesos migratorios sur-norte. Ello quiere decir que para llegar a Estados Unidos desde el sur se debe atravesar reiterados procesos aduaneros y de control fronterizos que culminan en la misma frontera de México. Apesar de toda la corrupción existente en Centroamérica en lo que a este tema migratorio se refiere son muchos los que no logran llegar a la frontera norteamericana por impedimento de las autoridades pertinentes. Imaginemos qué sucedería si todo este proceso de decantación a lo largo de todas las fronteras centroamericanas no existiera, pues sería imposible

---

empleadores y la sección de publicaciones de la Organización Internacional del Trabajo (OIT). Obtenible en http://www.ilo.org/public/english/dialogue/actemp/downloads/public ations/spanish/maquila/capi-1.pdf. Consultado el 6 de julio de 2015 a las 20:21hrs. También *vid*: "Maquiladora en Centroamérica" publicado en CentralAméricadata.com , obtenible en http://www.centralamericadata.com/es/search?q1=content_es_le: %22maquiladora%22. Consultado el 6 de julio de 2015.

contener todo el flujo migratorio y el tráfico ilícito de mercancías hacia el norte.

Uno de los factores que siempre han garantizado esta política en Centroamérica y el Caribe es la minoría de empresas europeas respecto a las Norteamericanas y la influencia mediática mayoritaria de los medios estadounidenses sobre la sociedad centroamericana en su conjunto.[70] Desde la famosa teoría de la "fruta madura" quedaba bien claro que la intención de Estados Unidos era evitar a toda costa que las colonias en centroamérica y el Caribe cayeran nuevamente en manos de potencias europeas una vez que se independizaran de sus colonizadores.[71] Ello significa que la presencia de potencias extranjeras en la región

---

[70] Aquí debemos mencionar como excepción a Cuba que tras el triunfo d ela Revolución cubana en 1959 y posteriormente con la Nacionalización y las expropiaciones realizadas a empresarios norteamericanos, así como el bloqueo impuesto a la isla durante todo este tiempo se ha visto despojada de la presencia de empresas norteamericanas en su territorio y la influencia mediática de los medios de información y comunicación norteamericanos.

[71] Conforme a esta teoría de la fruta madura Estados Unidos planteaba el propósito de establecer una dependencia económica de la Isla de Cuba hacia el mercado norteamericano con el objetivo de que si algún día los cubanos lograsen independizarse de España la isla no volviera a caer en manos de ninguna otra potencia europea. Metafóricamente se planteaba que como mismo una fruta madura no puede sostenerse por su peso en la rama de un árbol y por fuerza de gravedad debe caer necesariamente sobre el suelo de igual manera Cuba una vez independizada de España por fuerza tendría que caer en manos de los Estados Unidos dada su dependencia económica.

centroamericana y caribeña nunca han sido bien vistas por Estados Unidos. En un primer momento se referían a los europeos que eran los únicos que realmente podrían representar una competencia comercial para Estados Unidos en la región, pero hoy se incluyen China, Rusia y Brasil.

### 3.1. Estados Unidos y el canal Nicaraguense.

La relación de Estados Unidos y el sueño nicaraguense de tener un canal propio no es novedosa; pues, como hemos analizado en esta obra, ya desde siglos anteriores existían vínculos de los gobiernos norteamericanos con este ideal nacional. Desde la determinación de la construcción del canal de Panamá las distintas administraciones de Estados Unidos vieron en este proyecto nicaraguense un peligro de competencia comercial si llegase a materializarse en algún momento. Para muchas personas pudiera parecer lógico el pensar que la actual administración norteamericana no tiene interés contrapuesto alguno sobre el nuevo proyecto nicaraguense si tenemos en cuenta que ya no poseen el control o propiedad del canal panameño. La verdad es que no es así, pues existen sobradas razones para pensar que el gobierno de Estados Unidos también mira con resentimiento este nuevo proyecto centroamericano de un canal de tales emvergaduras en Nicaragua y financiado por China.

En las condiciones actuales de América Latina Estados Unidos ha perdido mucho liderazgo por la presencia creciente, y en todos los sentidos, de otros socios alternativos como China, Rusia y el despliegue económico de Brasil. América Latina se está dividiendo en dos, tal y como hemos ya anunciado anteriormente. Lo cierto es que el ala izquierdista latinoamericana y el auge de movimientos sociales en la zona han dado al traste con obsoletas políticas de golpes de Estados, fraudes electorales, guerrillas y demás. Ahora las contiendas geopolíticas van encaminadas a ocupar un rol de liderazgo regional, por un lado, y lograr un control económico de la región, por el otro. Respecto al liderazgo regional en la geopolítica latinoamericana debemos señalar que esta se discute, entre Estados Unidos, Brasil y el bloque de los países del ALBA.[72] Este último, ha logrado extender sus brazos hasta Centroamérica gracias a Nicaragua que es el único país centroamericano que es miembro pleno. Entonces

---

[72] Aunque debemos destacar que este último liderazgo se ha visto bastante opacado por la crisis interna que ha enfrentado Venezuela en los últimos meses y la caída de los precios del petróleo venezolano. Debemos tener en cuenta que desde la constitución del ALBA en 2004 con la presidencia de Hugo Rafael Chávez Frías y con la asunción a la presidencia venezolana por parte de Nicolás Maduro tras la muerte de Chavez, el ALBA concentró los pilares del izquierdismo latinoamericano y enarboló una nueva forma o ideología fundamentada en la concepción de una sola patria grande a partir de los rasgos históricos y culturales comunes de nuestros pueblos y una filosofía decolonial. Esta ideología, acompañada de políticas de cooperación internacional muy efectivas para sus miembros, acaparó la atención y preferencia de gran parte de la población de nuestro continente.

no es de extrañar que la presencia de un canal, precisamente en Nicaragua, sea muy bien visto por el bloque del ALBA y sus aliados como lo son China y Brasil.[73] Por su parte, Brasil se ha hido consolidando poco a poco como un líder sudamericano y actualmente se ha posicionado muy bien en el Caribe con el megaproyecto del Puerto del Mariel en Cuba. Ello le da la ventaja de aprovechar las reformas económicas de la isla y su apertura a la inversión extranjera antes de que la concurrencia norteamericana haga presencia en un mercado bastante apetecible por su posición geográfica. Al Brasil poseer los beneficios económicos que le proveerá el Puerto del Mariel en Cuba y ser uno de los grandes socios del bloque (ALBA) no es de extrañar que sus relaciones con Nicaragua se estrechen aún más en aras de lograr, junto con China, ejercer gran influencia en el comercio marítimo por el Caribe. Por su parte, Estados Unidos poco ha podido hacer ante ese llamado "despertar de América Latina". La presencia de China y Rusia como socios en la región les ha permitido a los gobiernos latinoamericanos prescindir de Estados Unidos y de su autoridad ante determinados proyectos. Uno de esos proyectos es precisamente este nuevo canal de Nicaragua. Otros de estos proyectos ha sido la constitución de UNASUR y el Proyecto brasileño del Puerto del Mariel. A la administración actual norteamericana, no le ha

---

[73] De ello hablaremos más detalladamente en el próximo capítulo.

quedado de más que replantearse la política hacia América Latina y levantar el prestigio perdido por Estados Unidos en la región.[74] A tales efectos, y de cara a la Cumbre de las Américas en abril de 2015, Estados Unidos restableció sus relaciones con Cuba y la eliminó de la lista de los países que apoyan el terrorismo.[75] En lo que respecta al canal de Nicaragua, poco ha intervenido. Esta política de silencio se debe a que realmente esta contienda la van a desarrollar más tarde o más temprano los propios centroamericanos. Estados Unidos no va a oponerse abiertamente al proyecto nicaraguense en un momento en el que las relaciones con Rusia no son las idóneas siendo Rusia la encargada de la protección militar del canal y China el financiador. Recordemos que China es el mayor acreedor de Estados Unidos actualmente. Es en este escenario, aun no definido, que se mueven las fuerzas política en Latinoamérica por un liderazgo que cada

---

[74] *Vid* discurso pronunciado por Baracak Obama el 17 de diciembre de 2014 en el que a las 12:00m anunciaba el restablecimiento de las relaciones bilaterales con el gobierno cubano. En esta ocasión una de las razones que manifestó para este cambio de política fue precisamente la pérdida del liderazgo norteamericano en la región y la intención de recuperarlo. Al respecto vid: " Discurso del presidente Obama sobre las relaciones con Cuba" publicado en el sitio web del periódico *Juventud Rebelde* el 17 de diciembre de 2014 a las 21:47 hrs. Obtenible en http//www.juventudrebelde.cu. Consultado el 5 de julio de 2015 a las 12:32hrs.
[75] Vid: AGUILAR AVILÉS, DAGER: *Cuba y Estados Unidos: La Dialéctica de sus relaciones bilaterales. I parte* ed. Createspace publisher (Estados Unidos) con la edición de Academia-Europa. Varsovia. Polonia. 2015.

vez ocupa menos Estados Unidos. Lo que es claro es que este liderazgo se irá determinando cada vez más por el control y rol económico de estos países en la región. Es así que entonces llegamos al segundo punto referido al control económico regional.

Para Estados Unidos existe solo un verdadero competidor económico en la región: China. Este último, El Gigante Asiático, como también se le conoce, afianza cada día con mayor ímpetu su presencia en América Latina y el Caribe. Uno de los grandes retos para poder consolidarse como protagonista económico en la región es dominar el comercio aéreo y marítimo y garantizar el crecimiento de sus exportaciones e improtaciones en Latinoamérica. Para ello se han propuesto apoyar y garantizar a todo precio el proyecto del Gran Canal. Si China lograse este cometido entonces podría consolidarse, sin temor a duda alguna, como el líder o potencia económica de Latinoamerica, ocupando el protagonismo que desde siglos pasados ostentaba Estados Unidos.[76] Entonces Estados Unidos es plenamente conciente de que el canal nuevo es más que una simple competencia comercial al canal de Panamá. En este nuevo canal interoceánico se pone en juego el liderazgo económico norteamericano en la región y, por los acontecimientos de la última década, podríamos decir que hasta político. No se pretende ser

---

[76] Sobre ello hablaremos más detenidamente en el siguiente capítulo de esta obra.

absolutista con estas afirmaciones, pero sí reconocer la magnitud del peligro geopolítico para Estados Unidos que representa este nuevo megaproyecto. A pesar de los intereses norteamericanos por obtener información sobre el verdadero objetivo y el financiamiento del proyecto nicaraguense, la secretividad del gobierno chino y los empresarios al respecto no les ha dado lugar más que para la especulación y el imaginario.[77] Lo cierto es que Estados Unidos controla directa o indirectamente casi todas las vías marítimas estratégicas en el mundo; por ejemplo podemos citar el canal de Suez, las rutas de Singapur y Gibraltar y el canal de Panamá, entregado a los panameños en 1999. También dominan prácticamente la ruta por el Caribe. Por ello constituye un duro golpe para los empresarios norteamericanos del sector marítimo la presencia de China y Rusia en un canal como el de Nicaragua.[78] El gran Canal de Nicaragua representa hasta cierto punto también la independización de América Latina en su comercio con Asia en lo que

[77] *Vid: "Estados Unidos pide transparencia en el Canal de Nicaragua"* publicado en el sitio web Portafololio.co el 6 de enero de 2015 a las 6:32pm. Obtenible en http://www.portafolio.co/internacional/ee-uu-ve-lupa-construccion-del-canal-nicaragua. Consultado el 3 de julio de 2015 a las 10:23hrs.

[78] *Vid: "Bomba Geoestratégica para Estados Unidos: Rusia y China preparan el canal de Nicaragua"* publicado en el portal oficial de *Rusia today* el 2 de mayo de 2014 a las 7:14 GMT. Obtenible en http://actualidad.rt.com/actualidad/view/126924-bomba-geoestrategica-eeuu-canal-nicaragua. Consultado el 3 de julio de 2015 a las 11:24hrs.

respecta el sometimiento a la autoridad de Estados Unidos para emprender grandes empresas que requieran el cruce marítimo por el único existente canal de Panamá hasta el momento. Pero entonces se introduce una pregunta bastante lógica en este análisis ¿Por qué Estados Unidos siendo una potencia con gran presencia en Centroamérica y especialmente en Nicaragua no ha tomado represalia respecto al gran canal directamente? Algunos manifiestan que ello se debe a que realmente a los Norteños no les incomoda realmente la presencia de ese canal ya que, por el contrario, deviene a una alternativa comercial. Dicha afirmación no deja de ser cierta, pero también es cierto que existen sobradas razones para que Estados Unidos se sienta preocupado y tome en serio el proyecto Chino-nicaraguense. Entonces qué los frena a desarrollar una política directa y crucial contra este megaproyecto como suelen manifestarse en América Latina cuando se contradicen los intereses de La Casa Blanca de Washington. Pues bien; entre algunas razones actuales de fuerza mayor que justifican dicha postura a saber se encuentran:

- China es el mayor acreedor individual de Estados Unidos en el mundo. Estados Unidos hacia el año 2012 tenía un débito con China de 1,6 billones de dólares.[79]

---

[79] *Vid*: "La Deuda externa de Estados Unidos se dispara". Publicado en Rusia Today el 20 de agosto de 2012 a las 7:14hrs. Obtenible en http://actualidad.rt.com/economia/view/51880-deuda-

Ya hacia 2014 este débito ascendía a 7,7 billones de dólares.[80]

- China y su aliado Rusia tienen intereses nacionales geopolíticos en la materialización de dicho canal, por lo que una amenaza al mismo sería una provocación directa a Rusia y China.

- Rusia y China tienen un alto nivel armamentista y las relaciones entre Estados Unidos y Rusia están muy tensas en la actualidad por lo que el trato entre ambos países se realiza con mucho tacto y evitando el más mínimo roce político y militar.

- Los países del ALBA han devenido en un bastión ideológico contra el americanismo (como filosofía geopolítica y de estilo de vida), por lo que Estados Unidos ha tenido que replantear el carácter diferencista de sus relaciones con países del ALBA como Venezuela y Cuba. Ello significa que agredir a Nicaragua como miembro pleno del ALBA implicaría hechar por tierra toda la nueva geopolítica que se ha trazado la administración norteamericana de cara a la VII Cumbre de las Américas frente a todos los

---

externa-eeuu-carrera-imparable-arriba. Consultado el 3 de julio de 2015 a las 13:05hrs.
[80] Vid: "Estados Unidos es el país con mayor deuda externa" publicado en el Portal web de la televisora TELESUR. Obtenible en http://www.telesurtv.net/news/EE.UU.-es-el-pais-con-mayor-deuda-externa-20140930-0084.html. Consultado el 3 de julio de 2015 a las 13: 24 hrs.

presidentes latinoamericanos y caribeños. Un ejemplo claro fueron las amenazas lanzadas por Estados Unidos a Venezuela en el primer semestre de 2015 que demostró el poder movilizativo y el apoyo internacional del ALBA. Ante la presión de los gobiernos de los países que integran el ALBA Estados Unidos no tuvo de otras que retirar las amenazas de agresión bélica realizadas a Venezuela a inicios de 2015.

- A Estados Unidos no le conviene desde el punto de vista económico que estalle un enfrentamiento bélico en estos momentos en Centroamérica, pues ello aumentaría el número de inmigrantes centroamericanos hacia Estados Unidos y agudizaría la crisis social que actualmente enfrentan en ese país. Además, el normal tráfico de productos y materias primas por Centroamérica hacia Estados Unidos se vería grandemente afectado por lo que se agudizaría la crisis económica. Al agudizarse dicha crisis esta tendría repercusión mundial y consecuentemente aumentaría el favoritismo de la opinión pública internacional hacia Nicaragua y en contra de los Estados Unidos. También debemos señalar aquí que esta agudización podría potencialmente fortalecer el liderazgo económico de China en el mundo y debilitar el rol protagónico norteamericano.

Con lo hasta aquí expresado podemos decir que la actitud de la Casa Blanca de Washington respecto al canal de Nicaragua no es casual, sino que está condicionada por las presiones que económicamente y políticamente ejerce la comunidad internacional y la propia sociedad estadounidense sobre su actual administración. En la medida que esta situación se agudice o flexibilice notaremos como variará la aptitud del gobierno norteamericano respecto el proyecto del Gran Canal de Nicaragua y sus aliados internacionales. Será la propia filosofía geopolítica norteamericana, como respuesta a su vez a la estrategia geopolítica China, Rusia y los bloques políticos latinoamericanos, la que determinará la actitud de dicho gobierno ante el desarrollo del proyecto interoceánico nicaraguense.

Ahora bien, somos del criterio de que el gobierno nicaraguense debe repensar cómo proyecta su política hacia Estados Unidos cuando todovía tiene un elevado grado de dependencia hacia el mismo y no aprovecharse de su ventaja actual. Ello se debe a que la mayor parte de la diáspora nicaraguense se encuentra en Estados Unidos y constituye la fuente de más de mil millones de dólares que ingresan anualmente a la economía nicaraguense en concepto remesas. No debemos perder de vista el hecho de que Washington ejerce gran influencia en instituciones como el Fondo Monetario, el Banco Mundial y el Banco Interamericano de Desarrollo, de gran importancia para

Nicaragua. Ello significa que basta una manifestación del gobierno norteamericano para determinar si se aumenta, disminuye o suspende la ayuda a Nicaragua. Una aptitud hostil directa hacia Estados Unidos como ha sido el antiamericanismo proyectado por el gobierno de Daniel Ortega puede devenir, en cualquier momento, en una excusa del gobierno norteamericano para declarar a Nicaragua un país enemigo a los intereses norteamericanos y establecer un paquete de sanciones contra el país centroamericano.[81]

---

[81] AGUIRRE SACASA, FRANCISCO: *Se están confundiendo los intereses de un partido y una familia con los intereses de la nación* publicado en el sitio web Envio Digital en abril de 2015. Edición 397 en Universidad Cemtroamericana. Obtenible en http://www.envio.org.ni/. Consultado el 28 de julio de 2015 a las 17:46hrs.

# Capítulo III: La Geopolítica de China, Rusia y los países del ALBA con el Proyecto interoceánico.

**Sumario:** 1.La Geopolítica de China, Rusia y los países del ALBA con el Proyecto interoceánico. 2. Los medios de comunicación y la argumentación del Canal nicaraguense. 3. el Canal de Nicaragua, La Organización de Naciones Unidas y otros organismos internacionales.

## 1.La Geopolítica de China, Rusia y los países del ALBA con el Proyecto interoceánico.

Como hemos estado afirmando en esta obra, el Canal de Nicaragua obedece a intereses comerciales privados chinos que, a su vez, están supeditados a la estrategia geopolítica global del propio gobierno. Esto lo decimos porque aunque la empresa que llevará a cabo este proyecto por la parte China es privada los intereses de la misma se supeditan al interés supremo del gobierno chino como representante de la soberanía de la nación y el máximo velador del bienestar de la sociedad correspondiente; claro está, siempre en interés supremo de la nación. Estos intereses del gobierno chino se complementan perfectamente con los intereses geopolíticos de Nicaragua. Algunos especialistas, ya citados con anterioridad en esta obra, consideran que realmente Nicaragua es quien tiene más que perder en lo que a soberanía nacional se refiere. Lo que queremos significar aquí es que entre todos estos intereses que se religan en este megaproyecto no existe contradicción ninguna. Todos se acomodan en una especie de jing jang geopolítico en el que todo tiene un riesgo, un aspecto negativo y otro positivo tanto para Nicaragua, como para China. Algunos especialistas consideran que resulta imposible afirmar que el gobierno chino esté detrás de todo el andamiaje del proyecto interoceánico nicaraguense.

Ello se debe a que existen evidencias que según ellos, pueden servir como termómetro de cuánto involucrado puede estar el gobierno y el ejército chino en todo esto. Para ello explican, por ejemplo, que resulta imposible que el gobierno chino esté detrás de todo esto cuando en la Cumbre de China con América Latina celebrada en Beijing en 2015 no participó ningún representante nicaraguense. Tampoco se evidenció interés alguno cuando el presidente chino Xi Jinping realizó su gira por América Latina y visitó países como Belice, Cuba, Costa Rica y México y no llegó a Nicaragua. La verdad es que consideramos que esas son cortinas de humo empleadas por ambos gobiernos, especialmente por China, para ocultar los verdaderos intereses sobre el canal nicaraguense. Con ello queremos significar que el gobierno chino es consciente de que la cara pública de este proyecto debe ser, a toda costa, comercial y no geopolítica; pues de no ser así el tratamiento en centroamérica por parte de Estados Unidos y la propia población nicaraguense hubiese sido diferente desde un primer momento. Esa es la razón por la que tantas veces, como ya hemos manifestado anteriormente, Estados Unidos ha pedido a China datos respecto al financiamiento del proyecto y los chinos han hecho silencio absoluto al respecto. Consideramos además que ese supuesto desinterés del gobierno chino por Nicaragua es una cortina de humo desde el punto de vista que resulta demasiada casualidad que dos países con excelentes relaciones no coincidan nunca en evento alguno desde que se firmaron los convenios de realización del megaproyecto chino-nicaraguense.

De lo que no cabe duda alguna y resulta innegable es que China debe encontrar formas seguras de expandir su presencia comercial global para continuar su proceso de desarrollo. En la medida que dicho proceso avance el gigante asiático se consolidará como líder mundial y para ello deberá desplazar a Estados Unidos en todos los mercados posibles. Este es un proceso que ha ido ocurriendo muy discreta y paulatinamente; pero que cada vez es más notorio por los niveles que ha alcanzado. Ya a este nivel de desarrollo y por las grandes espectativas que el propio Partido Comunista Chino se ha trazado y ha dado a entender, la actividad del gobierno en la esfera internacional se complejiza y exige mayor cautela. Ello significa que el desarrollo económico y la imagen comercial de China en el mundo está precedido por un fuerte trabajo gubernamental de análisis geopolítico y estratégico en lo que respecta a la seguridad nacional. Es por ello que cualquier intento de reflexión y comprensión sobre la determinación del gobierno chino a apoyar en el financiamiento del proyecto del canal en Nicaragua resultarán fallidos si antes no se analiza la estrategia geopolítica China en la región centroamericana y América Latina y la incidencia de dicho proyecto en su seguridad nacional.

Como ya hemos dicho, China en su nueva etapa de relación con Latinoamérica ha buscado dar pasos seguros y sostenibles. Esto quiere decir que el gobierno chino ha estudiado muy bien quiénes pueden ser sus socios, sobre la base de una relación de compatibilidad ideológica y conveniencia geopolítica. En lo que respecta a la compatibilidad ideológica es lógico que la administración china se identifique con aquellos países de corte socialista o de izquierda. Ello explica por qué en Latinoamérica la sociedad comercial china tiene mayor presencia en países miembros del ALBA y aquellos que no han manifestado una posición radical conservadora como Brasil. Aunque no lo parezca, los chinos también han hecho gala de esa máxima popular que dice que "el enemigo de mi enemigo es mi amigo", y es que los países en los que China se ha asociado más abiertamente son aquellos que han manifestado reiteradamente una posición de alcritud contra las políticas norteamericanas y de la Unión europea. Tal es el caso de Venezuela, Cuba, Nicaragua, entre otros. [82] El gobierno chino conoce perfectamente que existirá un momento en el que su desarrollo económico será un obstáculo para grandes potencias como Estados Unidos y bloques como la Unión europea. Entonces, previendo ese momento, tomará desde ahora todas las medidas preventivas

---

[82] Esto no quiere decir que China no mantenga relaciones comerciales fuertes con otros países del cinturón del Pacífico en Latinoamérica, pero lo cierto es que su identificación con los países del ALBA y Brasil es mucho mayor.

para evitar que contra el gigante asiático se apliquen medidas como las sanciones que se le ha impuesto a Rusia por la Unión Europea, se realice una amenaza bélica como hiciera Estados Unidos a Venezuela en abril de 2015 días antes de la *VII Cumbre de las Américas* o, simplemente, se fomente una crisis interna como la que está viviendo en la actualidad la sociedad venezolana. Ello explica por qué los chinos prefieren invertir 50 mil millones de dólares en un nuevo canal en Nicaragua y no 5 mil millones en Panamá.[83] Ahora bien, en lo que respecta al segundo tema que es la conveniencia geopolítica, China ha pretendido lograr influencia en dos subregiones de América Latina. La primera de ella es el cono sur(Suramérica) y la segunda es el Caribe y el golfo de México. En esta temática nos vamos a referir solamente a la segunda de estas.

El Caribe y el Golfo de México es una zona que, como ya dijimos anteriormente, Estados Unidos cuida con mucho recelo por sus fronteras marítimas. Para la administración china resulta inconveniente acercarse mucho en materia geopolítica al gobierno mexicano por su dependencia a la economía norteamericana y canadiense producto de los acuerdos de libre comercio

---

[83] Tengamos presente que Panamá es el principal aliado de Estados Unidos en Centroamérica y está atado al mismo en materia de política internacional ya que los Estados Unidos financiarán más de la mitad del proyecto de ampliación del canal panameño y garantizan la protección militar del mismo.

vigentes entre ambos. Entonces, como última alternativa les quedó a los chinos trazar la estrategia llamada por nosotros " Triángulo del Caribe". Por este debemos entender la comunidad política o geopolítica que se establece entre Nicaragua, Venezuela y Cuba, ya que con su inclusión en el ALBA y sus fuertes vínculos con el CARICOM y PETROCARIBE posiciona a estos tres países de manera privilegiada en el control comercial por el Caribe. Los chinos divisaron que entre Venzuela, Cuba y Nicaragua existía una relación ideológica y política muy interesante. Los tres países son miembros del ALBA, los tres países mantienen una actitud de repudio abierto a las políticas imperialistas de Washington y los tres países poseen potenciales económicos y geográficos que pueden ser útiles para China. No obstante a ello, lo más significativo de esta trilogía es que los tres países necesitaban grandemente de la industria china para sus proyectos sociales y que el desarrollo temprano de dichos proyectos era una bomba de tiempo que podía dar al traste con las tres revoluciones.[84] Ello significa que un

---

[84] Raúl Castro, Presidente cubano, ya había manifestado desde el 2006 y reiterado en diciembre de 2008 ante el parlamento cubano la importancia de salvar la economía nacional y aumentar la producción. En esa y otras ocasiones declaraba y daba a entender al pueblo que actualizar el modelo económico cubano era una prioridad que de no realizarse podría costar la propia revolución. Por su parte Ortega necesitaba incrementar los proyectos sociales e incentivar aquellos que ya estaban vigentes. Su promesa de levantar a Nicaragua de la pobreza extrema y de los últimos lugares en los indicadores económicos y sociales regionales es una pauta que puede dar más o menos prestigio al gobierno y al

acercamiento de China en estas condiciones siempre sería bien recibido y en condiciones ventajosas. Entonces los chinos determinaron acercarse al bloque del ALBA para establecer el triángulo del Caribe ante de que alguna potencia extranjera tomara ventaja.[85] Es en estas condiciones que desde el 2004 se inicia un fortalecimiento en las relaciones entre China y los países del ALBA que actualmente ya está dando los primero frutos. Venezuela y Cuba constituyen una fuente importante de explotación y refinamiento de petróleo crudo en el Caribe, el puerto del Mariel en Cuba es a su vez una joya en el comercio naval que potencia a Cuba como la llave del golfo de México, además de los límites marítimos de la isla con Estados Unidos y su proximidad (180km aproximadamente). Por otro lado, China podría operar libremente por el Caribe en su comercio marítimo con Estados Unidos y con toda Latinoamérica utilizando los puertos del Mariel en Cuba y los de Venzuela como almacenes y escalas de mantenimiento y reparación naval. Solamente faltaba una pieza en este rompecabezas: resolver el problema de los impuestos en el canal panameño. Si China extraía grandes cantidades de petróleo y

---

Partido de cara a las próximas elecciones presidenciales. Por último está Venezuela que en su crisis económica interna y las contiendas entre el gobierno y la oposición venezolana radicada dentro y fuera del país necesita también de la cooperación china y rusa para apaliar la crisis económica que existe en el país.
[85] Este es el caso de Brasil, de Rusia y de la Unión europea que habían empezado un proceso de acercamiento bastante discreto a estos tres países.

mercancías iba a necesitar cruzar reiteradas veces el canal y ello sería sumamente costoso para los comerciantes chinos. Por estas razones, surge la idea de financiar el canal nicaraguense. Quién fue la persona que tuvo esta idea no se sabe, pero de lo que no cabe dudas es que surgió por la parte china. Con un canal en Nicaragua China lograba controlar, por medio de su influencia con "el triángulo del Caribe" dentro del ALBA, su comercio por todo el Mar Caribe sin obstáculo alguno y de forma muy económica y preferenciales respecto a la competencia. Además garantizaba países estratégicos en caso de un conflicto bélico con Estados Unidos (única potencia bélica en la región). Cuba es el único país que tiene fronteras con Estados Unidos y no está sometido política y económicamente al mismo, por lo que la experiencia de la "Crisis de Octubre" podría repetirse si en un momento determinado el gobierno cubano accediese a ello en favor de China. Nicaragua es crucial para controlar la comunicación terrestre entre los países del sur al canal y Estados Unidos y Venezuela será útil para los chinos en cuanto tiene salida al mar Caribe y además tiene fronteras con Colombia, el país que más bases militares norteamericanas tiene en América del Sur; además de ser su mejor aliado en este continente. Es así que con un Canal en Nicaragua China sella su geopolítica preventiva en la región de Centroamérica y el Caribe.

El caso de Rusia no es muy diferente al de China. El gobierno ruso, aunque más tardío, también entendió el juego geopolítico de China y asumió tomar parte del mismo. En esta ocasión, los intereses geopolíticos son similares pero las razones son diversas y es que, claro está, el contexto ruso en estos momentos no daba otra opción que mirar hacia América Latina y el Caribe. El gobierno ruso lidereado por Vladimir Putin ha encausado un acercamiento significativo con los países del ALBA( Alternativa Bolivariana para las Américas) debido a que son estos los que describen políticas contrarias a la servidumbre histórica a los gobiernos de Estados Unidos. En este caso se vuelve a aplicar la máxima tan citada en esta obra. Con esta suerte Rusia se ha introducido en Centroamérica y el Caribe obedeciendo a una estrategia geopolítica preventiva ante las amenazas y sanciones de Estados Unidos y la Unión Europea respectivamente. En este caso el mensaje que intenta enviar Rusia a sus opositores es simplemente la capacidad de despliegue de sus fuerzas militares en la región para neutralizar cualquier fuerza enemiga a los intereses de Rusia. De la misma manera que los países cercanos a Rusia se están incluyendo en la OTAN y ahora Ucrania corre también ese riesgo, Rusia se prepara para responder desde la región centroamericana a cualquier eventual conflicto bélico con Estados Unidos.

Entonces aquí es donde mucho se preguntan qué relación guarda Nicaragua y su proyecto del Gran Canal con todo esto. Pues bien, la poca capacidad bélica de Nicaragua y capacitación de sus fuerzas armadas unido a la necesidad de protección militar efectiva al proyecto durante todo el proceso de construcción ha sido la excusa idónea de Rusia para entrar a América Central. Ello quiere decir que, como ya se ha afirmado en otros foros reiteradamente por diversos especialistas, Nicaragua ha sido la puerta de entrada de los Rusos en Centroamérica. Los rusos han sabido utilizar los vientos que ahora giran a su favor: por un lado, el acercamiento económico y político entre Rusia y China en aras de evitar una mayor presencia de militares norteamericanos en Asia y, por otro lado, la inconveniencia para China de enviar tropas militares para Nicaragua debido a las muchas acusaciones que han recibido de querer someter la soberanía del país.[86]

---

[86] El gobierno chino cuida mucho su imagen ante los países latinoamericanos y se proyecta como una potencia de naturaleza diversa a las que los latinoamericanos han conocido hasta el momento. Por eso procura evitar presencia militar en sus relaciones con los países del ALBA. Por otro lado, el envío de fuerzas militatres a Nicaragua sería alimentar todas aquellas especulaciones sobre los intereses de sometimiento de la nación centroamericana en cuestión. Ello provocaría sin lugar a dudas mayor credibilidad a todas las acusaciones que los medios de comunicación opositores al gobierno de Ortega realizan sobre los intereses imperialistas chinos y, consecuentemente, el apoyo mayoritario de la población nicaraguense a los mismos y en contra del proyecto interoceánico obligaría al gobierno a clausurar el proyecto o dimitir. No cabe dudas que las acusaciones de

En ambos casos, le corresponde a Rusia jugar este rol de protección militar y capacitación de las fuerzas militares nicaraguenses. Es así que desde que el 11 de julio de 2014 el presidente ruso Putin visitó Nicaragua la presencia militar rusa en el país se ha legitimado e incrementado de manera muy discreta.[87] Aunque esta visita fue prácticamente sorpresiva, bastó para que en los meses posteriores iniciara un patrullaje militar ruso en las aguas nicaraguenses de la cuenca del Caribe y el Pacífico. Ya desde el año anterior el presidente nicaraguense Daniel Ortega había propuesto dos decretos a la Asamblea Nacional para su aprobación. En el primero de ellos, el decreto 7348 del 26 de noviembre de 2013, autorizaba el ingreso por los próximos seis meses de militares norteamericanos, mexicanos, rusos, dominicanos, guatemaltecos, hondureños y salvadoreños. En esta ocasión se admitía la entrada de treinta militares rusos pero no especificaba el tipo de armamento ni la cantidad que podían introducir en el país. Esto, por supuesto, provocó una gran especulación en la prensa internacional y opositora al gobierno de Ortega. Finalmente, en virtud de este decreto entraron a Nicaragua alrededor de 130 militares rusos con naves y aeronaves, sin contar los que patrullarían las aguas

---

corrupción y escándalos hacia Daniel Ortega y su gabinete sentaría las bases para un posible golpe de Estado.

[87] *Vid*: LÓPEZ ISMAEL: *"Rusia solidifica su presencia militar en Centroamérica a través de Nicaragua"* en sección de América Latina del Nuevo Herald. Publicado el 29 de abril de 2015.

devueltas a Nicaragua por el tribunal de La Haya tras el conflicto con Colombia por las mismas. [88] Posteriormente, por medio de los decretos 33-2014 y 47-2014 se autorizó la entrada de más de 130 militares rusos. [89] Realmente no puede criticarse al gobierno nicaraguense por buscar fortalecer su poderío militar en estos momentos en los que los ojos del mundo están sobre él. Un proyecto como el gran canal interoceánico requiere la mayor protección posible, especialmente en su fase terminal. Nicaragua por sí sola no puede asumir dicho rol de protección y no resulta conveniente que los chinos lo asuman tampoco.

Ante cualquier conflicto bélico con Estados Unidos en las fronteras rusas o zonas cercanas los rusos pueden responder de igual manera desde Nicaragua si están posicionados militarmente allí. Eso es sabido y es el motivo por lo que muchos nicaraguenses y especialistas en el tópico militar advierten al gobierno nicaraguense del peligro que representa tener en su territorio fuerzas rusas. Ello significaría, al fin de cuentas, que de suscitarse un conflicto entre las dos potencias en cuestión sería Nicaragua el campo de batalla y, consecuentemente, quien sufriría las mayores pérdidas. Esta idea pudiera parecer muy alocada e ilógica para muchos, pero la realidad histórica en la geopolítica rusa ha demostrado muchas

---

[88] *Ibídem.*
[89] *Ibídem.*

veces que puede acontecer. Un claro ejemplo lo fue la llamada "Crisis de Octubre" de 1962 en Cuba.[90] Ahora bien, la misión rusa en Nicaragua ha sido justificada como protección militar al proyecto del gran canal interoceánico nicaraguense y como una cooperación rusa hacia Nicaragua por la cual se entrenará e instruirá a las autoridades nicaraguenses en su combate contra el narcotáfrico en el país. Este último planteamiento ha abierto un gran debate internacional sobre la veracidad de estas intenciones. Para muchos los rusos no poseen experiencia alguna en la lucha contra el narcotráfico y los medios de prensa que así lo estiman no titubean a la hora de arremeter contra todos los triunfos que las fuerzas rusas se atribuyen en esa misión en Nicaragua. Tal es el caso de la detención del "Guachinango(importante jefe del narcotráfico) y la detención de alrededor de 40 miembros del cartel de Sinaloa.[91]

Como resulta evidente, la geopolítica rusa en Centroamérica aunque tiene diferentes finalidades a la geopolítica China mantiene un mismo objeto que es Nicaragua. Somos del criterio que no debe satanizarse a Rusia por ello porque, a fin de cuentas, el gobierno

---

[90] *Vid*: AGUIRRE, MARIANO: *La Crisis de los misiles de Cuba en 1962: La Verdadera historia detrás de la leyenda* publicado en RFI en Español el 22 de octubre de 2012. Obtenible en http://www.espanol.rfi.fr/sociedad/20121022-crisis-de-los-misiles-de-cuba-la-verdadera-historia-detras-de-la-leyenda. consultado el 11 de julio de 2015 a las 17:11pm.
[91] *Vid*: LÓPEZ ISMAEL: Ob. Cit.

ruso hace lo que cualquier otro país en su momento histórico haría, conforme a su condición de sujeto internacional público, soberano e independiente, para proteger los intereses de su sociedad. En todo caso, corresponde al gobierno nicaraguense y a su pueblo determinar por los canales democráticos existentes hasta dónde puede incidir Rusia y cualquier otro país en la soberanía y seguridad nacional. El pueblo nicaraguense, como depositario de la soberanía, debe saber hasta dónde abre la puerta de su casa. Para ello legitima las decisiones de su gobierno por medio del parlamento de la nación y esto es un elemento que aquellos que se oponen a las relaciones Rusa-nicaraguense deben respetar y no perder de vista; pues todos los acuerdos entre ambos gobiernos han sido legitimados por el foco legislativo y representante de la voluntad popular nicaraguense. Cualquier comentario sobre la operabilidad o no de la contribución de Rusia con Nicaragua por combatir el narcotráfico no puede ser sentenciada a primera vista. Lo importante aquí es que los intereses de ambos países se complementen en aras del desarrollo común. Consecuentemente, corresponde a los nicaraguenses determinar la pertinencia o no de dichos acercamientos. Lo cierto es que el gobierno nicaraguense actual considera a Rusia uno de sus mejores aliados partiendo de la idea de que, siendo la otrora Unión Soviética, apoyó a Nicaragua incondicionalmente tras el triunfo de la Revolución de

1979, especialmente en la esfera de defensa, y contribuyó al restablecimiento de la paz en la nación.[92] No obstante, el acercamiento con Rusia obedece también a una estrategia de cobijo económico perseguido por Nicaragua ante la desastroza realidad económica que sufre su benefactor principal Venezuela. Se especula que poco tiempo le queda a la Revolución Venezolana y lo cierto es que las deudas del gobierno bolivariano y la inseguridad social, así como el descontento popular dan mucho crédito a esas especulaciones.[93]

En lo que respecta a la política del ALBA los motivos y razones del apoyo al canal nicaraguense son otros bien diferentes. No obstante, como bloque político, no podemos descartar el hecho de que también responde a intereses geopolíticos. El mundo político del futuro será un mundo de bloques políticos. Cada vez más los gobiernos en representación de sus pueblos se asocian en bloques por disímiles razones. Algunos para encontrar en la cooperación mutua el desarrollo por medio de la complementación y el intercambio de bienes y servicios; otros para fortalecerse como grupo

---

[92] *Vid*: "Comandante Daniel Ortega rememoró históricas relaciones entre Rusia y Nicaragua" artículo publicado en el sitio web "La Voz del Sandinismo" el 23 de abril de 2013. Obtenible en http://www.lavozdelsandinismo.com/nicaragua/2013-04-23/presidente-daniel-ortega-sostiene-encuentro-con-jefedel-estado-mayor-general-de-las-fuerzas-armadas-de-rusia/ consultado el 11 de julio de 2015 alas 21:47hrs
[93] AGUIRRE SACASA, FRANCISCO: *Ob. Cit.*

y hacer que sus pequeñas voces se oigan con más fuerzas en los distintos organismos internacionales donde muchas veces fueron subvalorados; otros para encontrar un paliativo a la crisis económica mundial y otros, por miedo a la reacción de un enemigo poderoso que les asecha. Lo cierto es que, independientemente de las razones que puedan motivar a cada gobierno, la tendencia es presentarse cada vez más como bloques integrados a los ojos del mundo. Esta estrategia de conformar bloques políticos no es novedosa, pues se ha practicado en el mundo geopolítico desde siglos atrás. De lo que no cabe duda es que la tendencia es a la integración y la conformación de bloques geopolíticos es una de las fases primarias de todo proceso integracionista regional. Especialmente en los países del mal llamado "tercer mundo".

El ALBA surge en 2004 como una suerte ecléctica de todas las razones antes señaladas. Desde entonces al bloque han ido recurriendo varios países que han visto en el mismo una alternativa histórica diferente a aquella que ha dejado el neoliberalismo en América Latina y el Caribe. Los resultados del ALBA como bloque han sido incuestionables y realmente dignos de admirar. Nicaragua es el único país centroamericano que integra el bloque y eso lo convierte en una pieza especial en la geopolítica del mismo.[94] Por medio del gran Canal de Nicaragua los países del ALBA, (principales socios comerciales y geopolíticos de China en la región) podrán beneficiarse económicamente al poder incrementar su comercio marítimo con la región asiática. Todo ello en el marco de los acuerdos de cooperación del ALBA. Por otro lado, la presencia del ALBA en Centroamérica resulta conveniente en la competencia geopolítica que persiste en la región entre los bloques de "Izquierda" y los del Cinturón del Pacífico que abogan por políticas más liberalistas. Entonces, en estas condiciones, Nicaragua es mucho más que un puente comercial para los países del ALBA ya que deviene también en un puente ideológico entre China, Rusia y el bloque en cuestión.

## 2. Los medios de comunicación y la argumentación del Canal nicaraguense.

Los medios de comunicación en América Latina han jugado un papel crucial en el debate sobre la idoneidad del proyecto Chino-nicaraguense en cuestión. Por un lado, su papel ha sido relevante como informadores y, por otro lado, como formadores de la opinión pública. En el primer caso, los medios de comunicación tienen la misión social e histórica de informar la verdad tal cual es. Ello en respeto al derecho a la información

---

[94] Honduras en un inicio se había adherido al ALBA, pero luego del golpe de Estado al Presidente Juan Manuel Zelaya en 2009 dimitió de la organización.

verídica que gozan los ciudadanos. Consecuentemente al derecho a la información veraz surge la obligación estatal y gubernamental de no limitar la capacidad de los medios de comunicación para informar esa verdad. Es así que el compromiso de informar la verdad siempre de manera imparcial se convierte a su vez en un derecho de los mismos medios de comunicación conocido como libertad de expresión. En el segundo caso, los medios de comunicación tienen también la misión de formar la opinión pública sobre la base de la educación y motivación a los ciudadanos por el respeto a la dignidad humana, a la ley y el orden social. Sin embargo, todo esto da al traste cuando los medios de comunicación subordinan su función social a los intereses económicos de una minoría. En estos casos la guerra de intereses geopolíticos convierte a los medios de comunicación en instrumentos de desinformación y en constructores de realidades virtuales muy ajenas a la verdadera realidad de las sociedades a las que tienen la misión de informar. Así, como mismo se expresa una guerra de intereses geopolíticos mas o menos discreta en muchas ocasiones, también se manifiesta una guerra de medios de comunicación sobre verdades relativas más o menos creíbles. Lo peor de todo esto es que en medio de ese bombardeo de información el público acaba desorientado sobre su propia realidad y, en el peor de los casos, pierde toda credibilidad sobre los medios de comunicación que le rodean y solamente acredita aquellos sucesos que haya podido percibir personalmente. Esta triste realidad, muy común en América Latina, alcanza su máxima expresión cuando unos medios se concentran en atacar directamente a otros y callar los sucesos y noticias que realmente comprometen el *estatus* económico y político de sus patrocinadores. Entonces los medios de comunicación se convierten en instrumentos de geopolítica especializados en la persuación de las masas y a su vez en constructores del poder y de realidades virtuales. Este previo análisis lo hacemos aquí porque es imposible entender el papel de los medios de comunicación entorno al proyecto interoceánico nicaraguense sin reflexionar sobre la funcionalidad de los mismos en dependencia de los intereses que representan.

Como ya dimos a entender, alrededor del tema del Canal nicaraguense existe un puzle de intereses geopolíticos que lo convierten en uno de los temas más interesantes actualmente en la región latinoamericana. Eco de ello se han hecho los medios de comunicación que no han dejado de bombardearse unos a otros. Por un lado, están aquellos que defienden la idoneidad de este proyecto. Para ello reproducen diariamente análisis, estadísticas y reflexiones sobre dicho propósito. Los ejemplos más antonomásticos lo constituyen las televisoras *Russia Today, CCTV* y *Telesur* . Por el otro lado, se encuentran otras que no desestiman oportunidad para reproducir todos los contratiempos y defectos o, como hemos llamado coloquialmente, especulaciones posibles en aras de formar una opinión negativa al respecto.

En el análisis realizado sobre la *mídia* y su tratamiento sobre el proyecto nicaraguense resultó evidente a simple vista que los medios que aplauden el proyecto nicaraguense son básicamente medios públicos, aunque destacan muchos blogs privados (a partir de ahora los denominaremos *mídia A*); en cambio, aquellos medios que se oponen al proyecto son mayoritariamente privados (a partir de ahora los denominaremos *mídia B*). También es apreciable que los componentes de la *mídia B* han adoptado una posición mucho más a la ofensiva y con mayor horas y espacios de transmisión que los componentes de la *mídia A*, los cuales no les ha quedado de otra que adoptar una posición defensiva al respecto. Con ello queremos decir que los componentes de la mídia A se han concentrado más en responder o desmentir las especulaciones de sus contrarios para de esta forma quebrantar sus estrategias de formación de una opinión pública negativa sobre el proyecto interoceánico nicaraguense. También es importante destacar el objeto de este bombardeo mediático; pues el mismo en un principio fue destinado, por parte los componente de la *mídia B* hacia la comunidad internacional. El problema fue que la reacción

139

mayoritaria de dicha comunidad fue en apoyo al gobierno nicaraguense y no les quedó de otra que replantearse esta estrategia. Ante tal contratiempo los componentes de la mídia B iniciaron un silencio hacia el tópico en aras de no provocar ecos en otras televisoras, especialmente europeas y norteamericanas. Aunque parezca ilógico esta estrategia para nada lo es, pues mientras más el mundo conozca y se informe sobre el tema más apoyo internacional tendrá el gobierno nicaraguense y su par chino. Entonces la nueva estrategia iría encaminada a dirigir el foco mediático hacia la opinión pública nicaraguense, específicamente sobre temas como el medioambiente y el desplazamiento forzoso de asentamientos poblacionales. El objetivo de esto es provocar la duda sobre la idoneidad de este proyecto, el descontento nacional y parcializar la opinión pública interna en Nicaragua. De esta forma se contrarrestaba el apoyo popular mayoritario al gobierno nicaraguense y se daba, a su vez, una imagen de antidemocracia, autoritarismo y oportunismo por parte del gobierno nicaraguense. Ello se evidencia si analizamos que durante los meses de marzo y abril de 2015 en adelante disminuyó drásticamente las horas televisadas sobre el tópico en los medios privados latinoamericanos y su eco en los medios europeos. Sin embargo, aquellos medios latinoamericanos y europeos que continuaron especulando sobre este proyecto, en menor medida, informan especialmente notas sobre levantamientos y protestas en las comunidades nicaraguenses cercanas a la ruta 6 (Ruta oficial por donde cruzará el gran Canal nicaraguense). Nula ha sido practicamente, al menos hasta la fecha de publicación de esta obra, la transmisión de las movilizaciones de apoyo al gobierno nicaraguense y su proyecto nacional por parte de los medios privados latinoamericanos y los medios europeos.

Con lo hasta aquí expuesto queda claro que los medios de comunicación en nuestra región que han intentado desacreditar el proyecto interoceánico en Nicaragua han sido, desde su función social, portavoces de pequeñas minorías opuestas al proyecto en cuestión. Estas minorías a las que hacemos mención se oponen a dicho proyecto por muchas razones. Entre ellas destaca el hecho de que este proyecto prestigia como gestor al gobierno de Ortega por haber logrado lo que ningún otro gobierno logró con anterioridad, el sueño nicaraguense de un canal propio. También es motivo de oposición el hecho de que si finalizace este proyecto la popularidad del gobierno y partido del presidente Daniel Ortega incrementaría significativamente. A ello debemos sumar que el proceso de construcción podría tardar entre cinco y diez años por lo que a la población nicaraguense le convendría que el Partido en el poder actual en Nicaragua continuase gobernando para garantizar la culminación ininterrumpida del sueño nacional nicaraguense y ello sería una táctica útil para el partido en cuestión en cara a las próximas elecciones presidenciales y parlamentarias. Como es evidente, la oposición nicaraguense no tiene perspectiva y esperanza alguna si se consolida más este proyecto, al menos que el mismo nunca llegue a materializarse o el desprestigio del gobierno de Ortega sea tan grande que requieran elecciones exepcionales por petición mayoritaria de la población por medio de los canales legislativos vigentes.

Ahora bien, en todo este conflicto geopolítico y comercial quien más debe estar alerta es aquella fracción del pueblo nicaraguense que no ha percibido que es objeto mediático y a la vez destinatario de intentos desestabilizadores y confusivos. La información veraz y oportuna, así como la consulta popular y transparencia son las mejores armas con las que puede contar el gobierno nicaraguense para contrarestar el bombardeo mediático entorno al proyecto que se plantea.

**3. El Canal de Nicaragua, La Organización de Naciones Unidas y otros organismos internacionales.**

Desde la formalización de los acuerdos chinos-nicaraguenses sobre la construcción del Gran Canal han sido muchas las especulaciones sobre los verdaderos objetivos de ambas partes al respecto.

Ante tales especulaciones y todo el revuelo mediático que provocó ese anuncio oficial, los organismos internacionales como la ONU centraron su mirada en dicho proyecto en aras de evitar futuros conflictos entre Nicaragua y sus vecinos, así como entre los aliados de China y los de Estados Unidos. Por estas razones, el 30 de julio de 2014 el presidente de la Organización de Naciones Unidas el señor Ban Ki-Moon visitó por un día la Capital de Nicaragua ( Managua) para reunirse con el presidente Daniel Ortega. En ese entonces, desde su arribo al aeropuerto Augusto César Sandino, sus primeros mensajes fueron claros y directos. Por un lado, reconocer el liderazgo del Presidente Daniel Ortega y, por otro lado, hacer un llamado a la integración centroamericana y a la paz.[95] Aunque parezcan inocentes y esquemáticas estas palabras realmente no lo fueron. El mandatario de las Naciones Unidas venía directamente desde Nueva York y luego de reunirse con Ortega se dirigiría a Costa Rica, donde mantuvo el mismo discurso de llamado a la paz. Al mismo tiempo que Ban se encontraba en Nicaragua el presidente de Costa Rica, Luis Guillermo Solís se encontraba en Brasil cumpliendo con su agenda como presidente *pro tempore* de la CELAC; por lo que su regreso coincidiría con la llegada de Ban ki-moon. Lo

---

[95] *Vid*: "Titular de la ONU Ban ki-Moon conoce proyecto canal Interoceánico en Nicaragua" publicado en el sitio web peopledaily.com el 30 de jlio de 2014 a las 09:14 hrs obtenible en http://spanish.peopledaily.com.cn/n/2014/0730/c31617-8762669.html consultado el 22 de julio de 2015 a las 16:16hrs.

interesante de todo esto es que en ese mismo periodo que el presidente costaricense estaría en Brasil se reuniría allí con el mandatario chino Xi Jinping y hablarían sobre temas interesantes para ambos países.[96] Cuando Ban Ki-Moon reconocía el liderazgo de Daniel Ortega estaba dejando claro al mundo que se reconocía a ese gobierno nicaraguense como un gobierno legítimo y, por tanto, con toda la capacidad y derecho de autodeterminación y soberanía para conducir los destinos de la nación sin presión de terceros países. Ello significaba que las Naciones Unidas solicitaba a terceros países que no juzgaran y coaccionaran al gobierno nicaraguense o obstaculizaran su gestión por el simple hecho de estar ejerciendo su derecho como gobierno legítimo. No obstante, al hacer un llamado a la integración centroamericana dejaba también claro un mensaje para el gobierno nicaraguense y era recordarles que ese ejercicio de soberanía y autodeterminación tenía como límite la soberanía y autodeterminación de sus vecinos(especialmente Costa Rica). Ello significaba que la gestión gubernamental de Ortega y sus ministros no podía interferir u obstaculizar la gestión gubernamental de Costa Rica u otro de los países

---

[96] Al respecto *Vide* MURRILLO, ALVARO: *Ban Ki-Moon, máximo representante de la ONU prepara visita a Costa Rica* publicado en el periódico La Nación el 3 de julio de 2014 a las 12:oo hrs. Obtenible en http://www.nacion.com/nacional/politica/Ban-Ki-moon-ONU-Costa-Rica_0_1424457602.html. Consultado el 22 de julio de 2015 a las 16:37hrs.

fronterizos. Cuando en el momento de su llegada Ki-Moon se refirió a la paz evidentemente aludía al hecho de que cualquier conflicto entre Costa Rica y Nicaragua u otro país fronterizo debía resolverse por medios pacíficos en lo posible. Esta misma idea la recalcó posteriormente en Costa Rica cuando determinó realizar una primera conferencia en la Universidad de la Paz y allí felicitó a los costaricenses por el hecho de no tener ejército y ser un símbolo de paz.[97] En esa visita a Managua el mandatario de la ONU se interesó mucho, casi exclusivamente, por la gestión gubernamental de Ortega en temas como medio ambiente y por el proyecto del canal interoceánico. Prestó especial interés en conocer los detalles del proyecto del canal cuando el rector universitario Telémaco Talavera y Laureano Ortega realizaron una exposición sobre todos los detalles del mismo. Posteriormente Ki-Moon se dirigió a la ciudad de Rivas a 111 kilómetros de la capital para visitar un parque eólico que construyó el gobierno nicaraguense en el marco de la transformación de la matriz energética para romper con la dependencia de los hidrocarburos.[98]

Ahora bien, no debe perderse de vista el hecho que desde antes ya Nicaragua tenía conflictos con Costa

---

[97] *Ibídem.*
[98] *Vid:* en Peopledayli.com. *ob.cit (titular de la ONU conoce proyecto......).*

Rica por causa del propio proyecto interoceánico, además de los ya tradicionales explicados en epígrafes anteriores en esta obra. Las denuncias de Costa Rica ante organismos internacionales fue lo que provocó que, por ejemplo, en noviembre de 2013 la Corte Internacional de Justicia de la Haya obligara a Nicaragua a rellenar una trinchera que casi une un río cercano a su frontera con Costa Rica con el Mar Caribe. Para ello le otorgó un plazo de dos semanas. De igual manera en el 19 de noviembre de 2012 la Corte Internacional de Justicia ponía fin mediante sentencia a una disputa territorial y de delimitación marítima entre Nicaragua y Colombia. En esa sentencia se resolvía de fondo esa cuestión que había provocado la demanda nicaraguense a Colombia desde 2001. De esta manera se reconocía la soberanía de Colombia sobre las islas Albuquerque, Bajo nuevo, Sureste, Quitasueño, Roncador, Serrana y Serranilla. De igual manera reconoció el dominio nicaraguense sobre una porción marítima significativa del Caribe sudoccidental quedando establecidos así los límites marítimos entre ambos países. Esta delimitación fue muy importante para Nicaragua ya que garantizaba contar con mayor soberanía sobre una porción marítima relevante para la entrada al futuro canal por la cuenca del Caribe(50 mil km2).[99] Debemos tener en

[99] *Vid*: SALINAS, CARLOS: *Nicaragua demanda nuevamente a Colombia ante la Corte Internacional* artículo publicado en la sección *Internacional* del periódico *El País* el 17 de septiembre de 2012.                     Obtenible                     en

cuenta que Colombia es uno de los principales aliados de Estados Unidos en la cuenca del Caribe y sus pretensiones evidentemente eran lograr un fallo mediante el cual Nicaragua quedaba encerrada en el meridiano 82 y privada de su proyección natural de zona económica exclusiva y plataforma continental. No obstante, los enclaves colombianos en aguas nicaraguenses pudieran ser génesis de conflictos futuros si el constante cruce marítimo a través del canal nicaraguense afectara o pusiera en riesgo la calidad ambiental de los archipiélagos colombianos o la gestión ambiental del gobierno colombiano sobre los mismos. De lo que no cabe dudas es de que cada oportunidad existente hasta la fecha para obstaculizar el desarrollo del proyecto interoceánico nicaraguense ha sido utilizada por aquellos a los que no les conviene de una forma u otra que este proyecto fructifique. Por ejemplo, si tomamos en cuenta los análisis anteriores realizados respecto a la colisión de intereses geopolíticos en la región notaremos que inmediatamente que se estableció la demanda de los nicaraguenses contra Colombia los bloques geopolíticos salieron a la luz. Así fue que inmediatamente Panamá y Costa Rica apoyaron abiertamente a Colombia e hicieron cuanto estuvo a su

http://internacional.elpais.com/internacional/2013/09/17/actualidad/1379387769_975012.html. Consultado el 18 de julio de 2015 a las 06:49hrs.

147

alcance para que este lograra sus propósitos.[100] De igual manera Honduras vino a completar la triada con Costa Rica y Colombia por evitar que Nicaragua adquiriera la ventaja marítima que pretendía.[101] Por su parte, Estados Unidos, por las razones ya expuestas en esta obra en epígrafes anteriores, no manifestó directamente su posición respecto a este conflicto pero sí fue reclamado a intervenir por parte de Costa Rica para que tomara medidas y presionara a Nicaragua sobre la base de que sus intereses regionales se verían afectados por las pretensiones nicaraguenses y por la presencia rusa.[102] Por otro lado, los países del

---

[100] En esta ocasión el presidente panameño Ricardo Martinelli acusó a Nicaragua de expansionista y de pretender apoderarse también de aguas panameñas. De igual manera la presidenta de Costa Rica Laura Chinchila acusó al gobierno nicaraguense de expansionista y conjuntamente a Jamaica decidieron apoyar a Colombia en su gestión por presentar una carta al secretario de las Naciones Unidas. Al respecto vid: MELENDEZ, JOSÉ: "Panamá se alía con Colombia en la pugna regional contra Nicaragua." Artículo publicado en la sección *Internacional* del periódico *El País* el 12 de septiembre de 2013. Obtenible en http://internacional.elpais.com/internacional/2013/09/12/actualidad/ 1379003003_514586.html. Consultado el 21 de julio de 2015 a las 07:14hrs.

[101] *Vid*: "*Colombia apoya la entrada de Honduras en el litigio con Nicaragua*" artículo publicado en el sitio web informativo Notimérica.com el 20 de octubre de 2010 a las 17:11h CET. Obtenible en http://www.notimerica.com/politica/noticia-iberoamerica-colombia-apoya-entrada-honduras-litigio-nicaragua-20101020171311.html. Consultado el 21 de julio de 2015 a las 07:22hrs.

[102] *Vid*: SANCHO, MANUEL: "*Costa Rica pedirá apoyo a Estados Unidos en conflicto con Nicaragua*" artículo publicado en el portal informativo web CrHoy.com el 25 de septiembre de 2013 a las 15:49hrs. Obtenible en http://www.crhoy.com/costa-rica-pedira-

ALBA y sus aliados no permanecieron ajenos al debate sobre el fallo del tribunal de la Haya. Venezuela, bajo el mando de Hugo Rafael Chávez Frías, había firmado algunos convenios o tratados con Nicaragua para brindar asistencia Naval bélica y aérea si el país lo requiriese.[103] A pesar de ello, tanto Venezuela como los restantes países del ALBA se limitaron a esperar pacientemente por el fallo del Tribunal de la Haya y posteriormente a recomendar a Colombia el respeto por la decisión de dicho tribunal. Evidentemente esta postura no fue espontánea sino muy bien analizada previamente. Si el ALBA, como organismo o bloque regional, tomaba postura en esta contienda sería automáticamente acusado de ser el incitador de la demanda impuesta por Nicaragua y los fundamentos de la misma quedarían manchados al no ser percibidos como razones de justicia histórica sino de batalla ideológica contra los aliados de Estados Unidos y miembros del llamado *Cinturón del Pacífico*. A pesar de que la razón le asistía evidentemente a Nicaragua, este conflicto debía ser visto como una estrategia nacional de los nicaraguenses y no como una ficha de la

apoyo-a-estados-unidos-en-conflicto-con-nicaragua/. Consultado el 21 de julio de 2015 a las 07:40hrs.
[103] Vid: HERNÁNDEZ-MORA, SALUD: *"Venezuela podría ayudar a Nicaragua a defender su nuevo territorio marítimo"*. Artículo publicado en la sección *América* del sitio informativo web *El Mundo* el 27 de noviembre de 2012 a las 16:32hrs. Obtenible en http://www.elmundo.es/america/2012/11/27/venezuela/135405165 0.html. Consultado el 21 de julio a las 07:59hrs.

geopolítica del ALBA.[104] La misma postura mantuvo China, aunque las especulaciones de Colombia fueron referidas a Rusia cuyas autoridades en reiteradas ocasiones habían manifestado su interés en cooperar con el desarrollo y preparación de las fuerzas y tropas militares nicaraguenses. Estos planteamientos fueron mal interpretados por los medios de comunicación colombianos quienes iniciaron una campaña de alerta contra la presencia rusa en Centroamérica y el peligro que ello representaba en caso de que estallara un conflicto bélico entre Colombia y Nicaragua. Ante tal campaña por desacreditar la presencia militar rusa en Nicaragua, el presidente ruso Vladimir Putin declaró oficialmente que en caso de que esta contienda implique un conflicto con Nicaragua Rusia no intervendría.[105]

---

[104] Aquí debemos tener en cuenta que ya Venezuela y Ecuador habían sufrido una crisis diplomática con Colombia, conocida como *Crisis Andina*, como resultado de la Operación Fénix en la que fuerzas militares de Colombia irrumpieron en territorio ecuatoriano en una misión contra la guerrilla y bombardearon la zona de operativo. En esta ocasión, además de los guerrileros muertos, murieron cuatro mexicanos y un ecuatoriano que se encontraban acampando en la zona limítrofe entre ambos países ese 1 de marzo de 2008.

[105] *Vid*: "Rusia no apoyará a Nicaragua en caso de conflicto con Colombia" publicado en la sección Nación del sitio web informativo Semana el 15 de noviembre de 2013. Obtenible en www.semana.com. Consultado el 22 de julio de 2015 a las 0857hrs. *Vid*: Informe oficial del presidente ruso Vladimir Putin enviado al gobierno Colombiano por medio de la Cancillería rusa. Obtenible en http://static.iris.net.co/semana/upload/documents/Documento_364

La OEA(Organización de Estados Americanos) también se ha mantenido aparentemente al margen de este conflicto colombiano-nicaraguense. Ello se debe a que en los últimos años la OEA ha encontrado en América Latina muchos cuestionamientos por parte de los presidentes respecto a su política y funcionalidad. Los presidentes de los países del ALBA son los que en esencia han llevado una actitud más protagonista y crítica respecto a la postura de la OEA en temas como la exclusión de Cuba, el apoyo necesario para resolver el reclamo de las islas Malvinas por parte de Argentina y el conflicto entre Chile y Bolivia por el derecho de este último de recuperar el territorio que le permite el acceso al mar, entre otros. Ante estas críticas y el surgimiento y consolidación de organismos regionales como UNASUR y el ALBA mismo, así como lo controversial que se han tornado las últimas cumbres de las Américas, no ha quedado de otra que intervenir en aquellos casos en los que realmente corresponda intervenir. Con ello queremos decir que ya la OEA no es el Congreso de las colonias norteamericanas, como se le tildara en cierta ocasión; por lo que el discurso y dinámica de la misma organización ha tenido que cambiar y flexibilizarse ante el nuevo contexto geopolítico latinoamericano y el desprestigio político de Estados Unidos en la región.

---

578_20131115.pdf. Consultado el 22 de julio de 2015 a las 08:52hrs.

Con lo analizado hasta aquí en este epígrafe podemos concluir que el proyecto interoceánico nicaraguense ha despertado la atención de los organismos internacionales pertinentes por la importancia geopolítica que comprende. También es lógico afirmar que dicho interés se debe, en gran medida, por lo vulnerable que es la región centroamericana a sufrir conflictos entre sus miembros y a la facilidad con la que se puede generar de igual manera, un conflicto entre las potencias que en este proyecto participan y los Estados Unidos o la Unión Europea.

# Bibliografía

1. Volker Wünderich: Ponencia en el coloquio de la Red Europea de Investigaciones sobre Centroamérica (RedISCA) en Berna, Suiza, 15-16 de noviembre, 2013.
2. Instituto de Historia de Nicaragua y Centroamérica [IHNCA], 1998.
3. Volker Wünderich en El nuevo proyecto del Gran Canal en Nicaragua: más pesadilla que sueño. en revista Encuentro No 97. 2014. P. 24-35.
4. Informe de la comisión de trabajo del Gran Canal. Perfil del Proyecto Agosto de 2006. Anexo I.
5. Kinloch Tijerino, F.: (1994). El Canal Interoceánico en el Imaginario Nacional. Nicaragua, Siglo XIX. Taller de Historia, (6). Managua: IHNCA.
6. Informe de la comisión de trabajo del Gran Canal. Perfil del Proyecto Agosto de 2006. Anexo I.
7. VILAS, Carlos M.: *"La revolución sandinista."* Buenos Aires: Editorial Legasa, Argentina. 1984.
8. García de Polavieja, Ignacio Dueñas: "Nicaragua en los umbrales del siglo XXI, a través de las fuentes orales" en Navegamérica, Revista electronica de la asociación espa;ola de latinoamericanistas No 10, Cádiz, España. 2013.
9. Martí I Puig, Salvador y Close, David (eds.): *Nicaragua y el FSLN. ¿Qué queda de la*

*revolución?* Barcelona: Edicions Bellaterra, 2009.

10. CARDENAL, Ernesto: *La Revolución perdida. Memorias, 3.* Editorial Trotta, Madrid, España. 2004.

11. *La Prensa.* 27 de febrero de 1990, Biblioteca José Coronel Urtecho, Universidad Centroamericana de Managua. Nicaragua.

12. Martí I Puig, Salvador y Close, David (eds). "*Nicaragua y el FSLN (1979-2009). ¿Qué queda de la revolución?*" Edicions Bellaterra, Barcelona, España. 2009.

13. Sitio web "La voz del sandinismo" obtenible en http://www.lavozdelsandinismo.com/?s=bono+pr oductivo. Consultado el 7 de junio de 2015 a las 13:42pm.

14. Calvo Espina, Hernando: "*Las cuatro vidas del sandinismo en Nicaragua.*" Le Monde Diplomatique. Edición en español. Ago. 2009, n. 16.

15. Hellín, J.: "*El principio de razón suficiente y la libertad.*" Revista Pensamiento. 1955.

16. Hellín, J.: "*Sentido y valor del principio de razón suficiente.*" Revista Pensamiento. 1963. Nicolás, Juan A. "*Razón, verdad y libertad en G.W.Leibniz: análisis histórico-crítico del principio de razón suficiente.*" Granada: Servicio de publicaciones de la Universidad de Granada. España. 1993. Ferrater Mora, J.: "*Diccionario de filosofía.*" Ed. Alianza. Madrid, España. 1985.

17. Informe de la comisión de trabajo del gran canal. Perfil del Proyecto Agosto de 2006. P. 3

18. Banco Mundial: "Nicaragua, Panorama General" en página official del Banco Mundial, sección de informes por países. Obtenible en http://www.bancomundial.org/es/country/nicarag ua/overview#1. Consultado el 11 de junio de 2015 a las 22:34hr

19. Gobierno de Reconciliación y Seguridad Nacional: "Plan Nacional de Nicaragua para el desarrollo humano" en sitio web "Gobierno de Reconciliación y Seguridad Nacional" (version preliminar en consulta nacional[noviembre8, 2012]. Obtenible en http://www.pndh.gob.ni/.

20. *The Nicaragua Dispatch,* May 16, 2013 citado por Informe sobre el Gran Canal de Nicaragua publicado por el grupo HKND en julio de 2014. P. 9.

21. Ríos, J: *"A canal across Nicaragua: Is this for real?." Tico Times.* Recuperado el 20 de febrero de 2014, de http://www.ticotimes. net/2014/02/19/a-canal-across-nicaragua-is-this-for-real.

22. Kinloch Tijerino, F.: *"El Canal Interoceánico en el Imaginario Nacional. Nicaragua, Siglo XIX." Taller de Historia,* (6). Managua: IHNCA.1994. Nicaragua.

23. Acevedo, A. *"El Canal y la ilusión del desarrollo." Envío,* (377). Recuperado el 14 de septiembre de 2013, de http://www.envio.org.ni/ articulo/4720. (2013, agosto).

24. Campos Cubas, V. M. : "El Canal hará un daño irreversible al Lago Cocibolca." *Envío* (376) (2013, julio).P.19.

25. Melendez, José: *"El canal que proyecta nicaragua es inviable"*en periódico *El País.* Publicado el 10 de junio de 2013. Obtenible en http://internacional.elpais.com/internacional/2013/06/10/actualidad/1370895672_183792.html. Consultado el 26 de junio de 2015 a las 11:44hrs.

26. Portal web oficial del Canal de Panamá. Obtenible en http://micanaldepanama.com/nosotros/sobre-la-acp/rendicion-de-cuentas/objetivos-estrategicos/. Consultado el 26 de junio de 2015 a las 9:34hrs.

27. Portal web official del canal de Panamá. Sección de preguntas frecuentes. Obtenible en https://micanaldepanama.com/ampliacion/preguntas-frecuentes/. Consultado el 26 de junio de 2015 a las 10:01hrs.

28. Prados , Luis: *"Panamá, Una cita para la geopolítica"* en periódico *El País.* Artículo publicado el 10 d ejunio de 2013 a las 22:12 CET. Obtenible en http://internacional.elpais.com/internacional/2013/06/10/actualidad/1370895171_613986.html.

29. Casanova Fuertes, Rafael: *"Los Conflictos con Costa Rica: A Nicaragua la favorecen el derecho y la Historia (1824-1888)"* publicado en la revista "Ventanas de la Historia"el jueves 17 de febrero de 2011. Obtenible en http://casanovahistoria.blogspot.com/2011/02/los-conflictos-con-costa-rica-nicaragua.html .

Consultado el 28 de junio de 2015 a las 18:56hrs.

30. discurso pronunciado por el presidente de Costa Rica Luis Guillermo Solís Rivera, el 1 de mayo de 2015 frente al parlamento costaricense.

31. Gallardo, Elio: "Elementos de Geopolítica en América Central" publicado en Pensar América Latina . obtenible en http://www.heliogallardo americalatina.info/index.php?option=com_conte nt&view=article&id=321&catid=11&Itemid=106. Consultado el 6 de julio de 2015 a las 19:27hrs.

32. Comisión Regional de América Latina y el Caribe (CEPAL). Obtenible en http://estadisticas.cepal.org/cepalstat/WEB_CEP ALSTAT/Portada.asp. Consultado el 6 de julio de 2015 a las 20:00hrs.

33. Oficina de Actividad para los empleadores y la sección d epublicaciones de la Organización Internacional del Trabajo (OIT) " La Industria maquiladora en Centroamérica: Panorama General" Informe publicado por la. Obtenible en http://www.ilo.org/public/english/dialogue/actemp /downloads/publications/spanish/maquila/capi-1.pdf. Consultado el 6 de julio de 2015 a las 20:21hrs.

34. "Maquiladora en Centroamérica" publicado en CentralAméricadata.com , obtenible en http://www.centralamericadata.com/es/search?q 1=content_es_le:%22maquiladora%22. Consultado el 6 de julio de 2015.

35. Baracak Obama: discurso pronunciado por el 17 de diciembre de 2014

36. Baracak Obama: " Discurso del presidente Obama sobre las relaciones con Cuba" publicado en el sitio web del periódico *Juventud Rebelde* el 17 de diciembre de 2014 a las 21:47 hrs. Obtenible en http//www.juventudrebelde.cu.

37. Aguilar Avilés, Dager: "Cuba y Estados Unidos: La Dialéctica de sus relaciones bilaterales. I parte" ed. Academia-Europa. Varsovia. Polonia. 2015.

38. Portal web Portafololio.co: " *Estados Unidos pide transparencia en el Canal de Nicaragua*" publicado el 6 de enero de 2015 a las 6:32pm. Obtenible                    en http://www.portafolio.co/internacional/ee-uu-ve-lupa-construccion-del-canal-nicaragua. Consultado el 3 de julio de 2015 a las 10:23hrs.

39. Rusia Today: " Bomba Geoestratégica para Estados Unidos: Rusia y China preparan el canal de Nicaragua" publicado en el portal oficial de *Rusia today* el 2 de mayo de 2014 a las    7:14    GMT.    Obtenible    en http://actualidad.rt.com/actualidad/view/126924-bomba-geoestrategica-eeuu-canal-nicaragua.

40. Rusia Today: "La Deuda externa de Estados Unidos se dispara". Publicado el 20 de agosto de    2012    a    las    7:14hrs.    Obtenible    en http://actualidad.rt.com/economia/view/51880-deuda-externa-eeuu-carrera-imparable-arriba. Consultado el 3 de julio de 2015 a las 13:05hrs.

41. Telesur: " Estados Unidos es el país con mayor deuda externa" publicado en el Portal web de la televisora    TELESUR.    Obtenible    en

http://www.telesurtv.net/news/EE.UU.-es-el-pais-con-mayor-deuda-externa-20140930-0084.html.

42. Aguirre Sacasa, Francisco: "Se están confundiendo los intereses de un partido y una familia con los intereses de la nación" publicado en el sitio web Envio Digital en abril de 2015. Edición 397 en Universidad Cemtroamericana. Obtenible en http://www.envio.org.ni/.

43. López Ismael: *Rusia solidifica su presencia militar en Centroamérica a través de Nicaragua* en sección de América Latina del Nuevo Herald. Publicado el 29 de abril de 2015.

44. Aguirre, Mariano: *"La Crisis de los misiles de Cuba en 1962: La Verdadera historia detrás de la leyenda"* publicado en RFI en Español el 22 de octubre de 2012. Obtenible en http://www.espanol.rfi.fr/sociedad/20121022-crisis-de-los-misiles-de-cuba-la-verdadera-historia-detras-de-la-leyenda.

45. La Voz del Sandinismo: "Comandante Daniel Ortega rememoró históricas relaciones entre Rusia y Nicaragua" artículo publicado en el sitio web La Voz del Sandinismo el 23 de abril de 2013. Obtenible en http://www.lavozdelsandinismo.com/nicaragua/2013-04-23/presidente-daniel-ortega-sostiene-encuentro-con-jefedel-estado-mayor-general-de-las-fuerzas-armadas-de-rusia/ consultado el 11 de julio de 2015 alas 21:47hrs

46. Peopledaily.com: " Titular de la ONU Ban ki-Moon conoce proyecto canal Interoceánico en Nicaragua" publicado en el sitio web

peopledaily.com el 30 de jlio de 2014 a las 09:14 hrs obtenible en http://spanish.peopledaily.com.cn/n/2014/0730/c 31617-8762669.html.

47. Murrillo, Alvaro: *"Ban Ki-Moon, máximo representante de la ONU prepara visita a Costa Rica"* publicado en el periódico La Nación el 3 de julio de 2014 a las 12:oo hrs. Obtenible en http://www.nacion.com/nacional/politica/Ban-Ki-moon-ONU-Costa-Rica_0_1424457602.html.

48. Salinas, Carlos: *"Nicaragua demanda nuevamente a Colombia ante la Corte Internacional"* artículo publicado en la sección *Internacional* del periódico *El País* el 17 de septiembre de 2012. Obtenible en http://internacional.elpais.com/internacional/2013/09/17/actualidad/1379387769_975012.html.

49. Melendez, José: "Panamá se alía con Colombia en la pugna regional contra Nicaragua." Artículo publicado en la sección *Internacional* del periódico *El País* el 12 de septiembre de 2013. Obtenible en http://internacional.elpais.com/internacional/2013/09/12/actualidad/1379003003_514586.html.

50. *Notimérica*: *"Colombia apoya la entrada de Honduras en el litigio con Nicaragua"* artículo publicado en el sitio web informativo Notimérica.com el 20 de octubre de 2010 a las 17:11h CET. Obtenible en http://www.notimerica.com/politica/noticia-iberoamerica-colombia-apoya-entrada-

honduras-litigio-nicaragua-20101020171311.html.

51. Sancho, Manuel: *"Costa Rica pedirá apoyo a Estados Unidos en conflicto con Nicaragua"* artículo publicado en el portal informativo web CrHoy.com el 25 de septiembre de 2013 a las 15:49hrs. Obtenible en http://www.crhoy.com/costa-rica-pedira-apoyo-a-estados-unidos-en-conflicto-con-nicaragua/.

52. Hernández-Mora, Salud: *"Venezuela podría ayudar a Nicaragua a defender su nuevo territorio marítimo"*. Artículo publicado en la sección *América* del sitio informativo web *El Mundo* el 27 de noviembre de 2012 a las 16:32hrs. Obtenible en http://www.elmundo.es/america/2012/11/27/venezuela/1354051650.html. Consultado el 21 de julio a las 07:59hrs.

53. Semana: "Rusia no apoyará a Nicaragua en caso de conflicto con Colombia" publicado en la sección Nación del sitio

54. web informativo Semana el 15 de noviembre de 2013. Obtenible en www.semana.com. Consultado el 22 de julio de 2015 a las 0857hrs. Vid: Informe oficial del presidente ruso Vladimir Putin enviado al gobierno Colombiano por medio de la Cancillería rusa. Obtenible en http://static.iris.net.co/semana/upload/documents/Documento_364578_20131115.pdf.

55. Acevedo, A. (2013, agosto). El Canal y la ilusión del desarrollo. Envío, (377). Recuperado el 14

de septiembre de 2013, de http://www.envio.org.ni/ articulo/4720.

56. Álvarez, W. & Siria, T. (2013, 10 de junio). No hay condiciones para el Canal. La Prensa. Recuperado el 11 de junio de 2013, de http://www.laprensa.com. ni/2013/06/10/poderes/150176-no-hay-condiciones-canal.

57. Asamblea Nacional de Nicaragua. (2013, 14 de junio). Ley 840. La Gaceta Diario Oficial, (110), año CXVII, Managua: La Gaceta.

58. Bárcenas, F. (2013, 16 de agosto). Una trampa contractual: las trampas de la concesión canalera al empresario chino Wang Jing. Confidencial. Recuperado el 17 de agosto de 2013, de http://www.confidencial.com.ni/articulo/13273/un atrampa- contractual.

59. Campos Cubas, V. M. (2013, julio). El Canal hará un daño irreversible al Lago Cocibolca. Envío (376),14-22.

60. Cardenal, E. (1966). El Estrecho Dudoso. Madrid: Ed. Cultura Hispánica.

61. Castillo Bermúdez, J. (2014, 5 de febrero). El CNU analiza su curriculo. La Prensa. Recuperado el 06 de febrero de 2014, de

http://www.laprensa.com. ni/2014/02/05/ambito/181196-cnu-analiza-curriculo.de Córdoba, J. (2013, 13 de junio). Nicaragua revives its Canal Dream. The Wall Street Journal. Recuperado el 14 de junio de 2013, de http://online.wsj.com/news/articles/SB10001424127887323734304578543432234604100.

62. Detsch, C. (2013, septiembre). China in Lateinamerika. Antiimperialistischer Freund oder neuer Hegemon?. Perspektive. Berlín: Friedrich-Ebert-Stiftung.

63. EFE. (2013, 20 de noviembre). Incer Barquero duda sobre estudios ambientales del Canal. Confidencial. Recuperado el 21 de noviembre de 2013, de http://www.confidencial.com.ni/articulo/14920/inc er-barquero-duda-sobre estudiosambientales-del-039-gran-canal-039

64. Enríquez, O. (2013, 5 de agosto). EE.UU. demanda transparencia en concesión canalera. Confidencial. Recuperado el 10 de agosto de 2013, de http://www. confidencial.com.ni/articulo/13060/ee-uu-demanda-transparencia-enconcesion- canalera

65. Gandásegui, Jr., M. A. (2008). Debate sobre la ampliación del Canal de Panamá. Ciudad de Panamá: Ed. Portobelo y CELA.

66. Gaupp, P. (2013, 20 de agosto). Daniel Ortegas Kanalprojekt. Jahrhundertwerk oder autokratische Machenschaft?. Neue Zürcher Zeitung. Recuperado el 21 de Agosto de 2013, de http://www.nzz.ch/aktuell/international/auslandna chrichten/ jahrhundertwerk-oder-autokratische-machenschaft-1.18135491.

67. Instituto de Historia de Nicaragua y Centroamérica [IHNCA]. (1998). Exposición Documental: El Canal Interoceánico en la Historia de Nicaragua, Catálogo. Managua: Autor.

68. Kinloch Tijerino, F. (1994). El Canal Interoceánico en el Imaginario Nacional. Nicaragua, Siglo XIX. Taller de Historia, (6). Managua: IHNCA.

69. Latin American Weekly Report. (2013, 13 de junio). Ortega's dream takes shape. Latin American Weekly Report. Recuperado el 10 de julio de 2013, de http:// www.latinnews.com

70. López Baltodano, M. (2013, 12 de agosto). 25 verdades sobre la concesión del Canal. Confidencial. Recuperado el 14 de agosto de 2013, de http://www.confidencial.com.ni/articulo/13199/25 -verdades-sobre-la-concesion-del-canal

71. Mack, G. (1944). The Land Divided. A History of the Panama Canal and Other Isthmian Projects. New York: Knopf.

72. Meyer, A. & Huete-Pérez, J. (2014, 20 de febrero). Conservation: Nicaragua Canal could wreak environmental ruin. Nature, 506 (7488), 287-289.

73. Moore, M. (2013, 30 de julio). Chinese entrepreneur reveals route for Nicaraguan canal. The Telegraph. Recuperado el 10 de agosto de 2013, de http://www.telegraph.co.uk/news/worldnews/asia/china/10212169/Chineseentrepreneur- reveals-route-for-Nicaraguan-canal.html;

74. Olivares, I. (2013, 18 de agosto). HKND aplazada en transparencia. Confidencial. Recuperado el 20 de agosto de 2013, de http://www.confidencial.com.ni/articulo/13303/hknd-aplazada-en-transparencia.

75. Ramírez, S. (ed.).(1981). Augusto C. Sandino, Carta a los gobernantes de América: propuesta de una conferencia continental (20 de marzo de 1929) (pp. 338- 355).

76. El pensamiento vivo, 1. Managua: Editorial Nueva Nicaragua. Redacción Central. (2013, 17 de junio).

77. Pueblo nicaragüense valora positivamente el Gran Canal Interoceánico. La Voz del Sandinismo. Recuperado el 9 de septiembre de 2013, de http://www.lavozdel sandinismo.com/nicaragua/2013-06-17.

78. Ríos, J. (2014, 19 de febrero). A canal across Nicaragua: Is this for real?. Tico Times. Recuperado el 20 de febrero de 2014, de http://www.ticotimes.    net/2014/02/19/a-canal-across-nicaragua-is-this-for-real.

79. Rogers, T. (2013a, 10 de julio). Nicaragua Canal: bonanza or boondoggle?. The Nicaragua Dispatch. Recuperado el 12 de julio de 2013, de http:// nicaraguadispatch.com/2013/07/nicaragua-canal-bonanza-or-boondoggle/

80. Rogers, T. (2013b, 30 de junio). Poll: Nicaraguans hopeful about the canal. Nicaragua Dispatch. Recuperado el 30 de junio de 2013, de http://nicaraguadispatch.    com/2013/06/poll-nicaraguans-hopeful-about-canal/.

81. Salinas Maldonado, C. (2013, 18 de diciembre). CSJ rechaza los 31 recursos contra el canal. Confidencial. Recuperado el 20 de diciembre de 2013,    de    http:// www.confidencial.com.ni/articulo/15351/csj-rechaza-los-31-recursos-contrael-canal

82. Severin, K. (1960, 16 de noviembre). El Canal Dormido. O Cruzeiro Internacional, 4(22).

83. Sociedad Civil (2013, 24 de junio). Manifiesto en defensa de la soberanía nacional: más de cien personalidades, entre juristas, intelectuales, políticos, economistas y periodistas, llaman a anular la ley violatoria de la Constitución. Confidencial. Recuperado el 30 de junio de 2013, de http://www.confidencial.com.ni/articulo/12413/

84. Storey, I. (2013, 27 de junio). China´s Central American Canal Dreams. The Straits Times (Singapore). Recuperado el 30 de junio de 2013, de http://www.iseas.edu.sg/ISEAS/upload/files/is27jun13%281%29.pdf.

# ANEXOS 1: Informe Oficial de HKND sobre el proyecto nicaraguense.

<u>GRAN CANAL INTEROCEÁNICO POR NICARAGUA</u>

## Capítulo I. Resumen Ejecutivo

### A.    El Proyecto

1.01 .El proyecto del Gran Canal Interoceánico por Nicaragua (el Gran Canal o el Proyecto), con un costo de inversión de unos US$18,000 millones en precios de 2006, consiste en unir a los océanos Atlántico y Pacífico por medio de un canal acuático. Tiene dos componentes: (a) infraestructura, incluyendo estudios, diseño, financiamiento, construcción y operación de un canal interoceánico con capacidad para grandes buques de hasta 250,000 toneladas de peso muerto ("deadweight tonnage" -dwt-) y longitud de 286 kilómetros (Km), incluyendo 80 Km en el lago de Nicaragua; y (b) restauración, preservación y desarrollo del medio ambiente en la zona de influencia del Gran Canal en el país.

1.02. Existe la necesidad de un nuevo canal interoceánico acuático en las Américas. Por el Canal de Panamá pasan unos 200 millones de toneladas métricas (TM) anuales o el 2.9% de la carga marítima mundial (estimada en 6,961 millones y 10,529 millones de toneladas métricas (TM) para 2005 y 2019, respectivamente). Con la ampliación proyectada del canal de Panamá, para permitir el paso de buques de tamaño mediano, este podría captar unos 300 millones de TM en 2019 (año estimado de inicio de operaciones del Gran Canal), manteniendo su participación de 2.9% en la carga marítima mundial o aproximadamente un tercio de la demanda potencial estimada de 912 millones de TM, quedando una demanda insatisfecha significativa. Actualmente, buques por encima del tamaño que permite el Canal de Panamá tienen mayores costos y muchos días más de navegación (hasta US$2 millones y 36 días adicionales por viaje, según la ruta). Aún más, la construcción de buques cada vez más grandes que aquellos que podrían pasar por Panamá ampliado, requiere de una nueva vía de tránsito eficiente y eficaz entre los dos océanos para servir la demanda. Todo ello haría que ambas vías, Panamá y el nuevo canal, sean básicamente complementarias y no competitivas.

1.03. Nicaragua, con vocación histórica de canal interoceánico acuático, tiene una ubicación geográfica estratégica, con las tierras más bajas en el centro del continente americano entre los océanos Atlántico y Pacífico, así como recursos hídricos abundantes y poco aprovechados en el área de la ruta recomendada del Gran Canal. Entre estos recursos se encuentran el lago de Nicaragua, en el centro de la ruta, el cual descarga por el Río San Juan en el océano Atlántico 41.2 millones de metros cúbicos (m3) de agua por día y el río Escondido, al norte de la ruta, que drena en su inicio 33.7 millones de m3 diarios. El Gran Canal requerirá para su operación 6.6 millones de m3 de agua por día. Todo ello hace de Nicaragua la mejor opción en las Américas para construir un nuevo canal interoceánico acuático.

1.04. Se identificaron seis posibles rutas del Gran Canal, de las cuales la recomendada es, comenzando en el Pacífico (Figura 1.1.): Río Grande (Brito) - Río Las Lajas - Lago de Nicaragua al sur de la isla de Ometepe - Río Oyate - Río Rama - Bahía de Bluefields - finalizando al sur de la Isla del Venado (Hound Sound Bar) en el Atlántico (Ruta No. 3, párrafos 3.08 a 3.17), por presentar las mejores características geológicas, topográficas, hidrológicas, ambientales y de costo.

1.05. El Gran Canal podría desarrollarse en unos 11 años a partir de la aprobación de una ley especial por la Asamblea Nacional, cuyo borrador inicial ya se ha preparado. El Gran Canal, se estima, captaría unos 416 millones y 573 millones de TM en 2019 y 2025, respectivamente (3.9% y 4.5% de la carga marítima mundial o alrededor de 46% de la demanda potencial o relevante). La tasa interna de retorno (TIR) esperada del Proyecto es de aproximadamente 22%, con mayor rentabilidad potencial sobre patrimonio por efecto del posible palanqueo financiero.

1.06. El Gobierno de Nicaragua otorgaría el Gran Canal en concesión o por medio de un Acuerdo de Participación Público-Privado (APPP) a largo plazo (75 a 90 años renovables), lo cual conlleva el estudio, diseño, financiamiento, construcción y operación – incluyendo prestación de servicios y mantenimiento -

del mismo. Ello sería a través de un concurso internacional transparente, abierto solamente a inversionistas privados idóneos, locales e internacionales. Los derechos y obligaciones de los inversionistas privados y del Estado de Nicaragua se establecerían en un contrato a ser firmado entre las partes y de acuerdo a la ley especial antes mencionada.

1.07. El Estado de Nicaragua ejercería sus derechos de soberanía y estaría a cargo de la seguridad general y ambiental, así como de la supervisión general operativa y contractual del Gran Canal, a través de las instancias del caso, existentes o a crearse. El Gran Canal tendría un carácter de servicio público internacional, neutral e ininterrumpido.

## B. Antecedentes y Justificación del Proyecto

1.08. Desde hace unos 500 años, la existencia de un paso a través de las Américas para conectar por vía acuática a los océanos Atlántico y Pacífico ha sido una idea constante (Anexo 1). A finales del siglo XIX, después de más de 300 años de búsqueda y estudios, se inició la construcción del canal de Panamá, finalizado en 1913.

1.09. El transporte marítimo ha saturado la capacidad del canal de Panamá, por el cual pueden transitar buques de hasta unas 54,000 dwt y portacontenedores de hasta unos 4,400 contenedores de 20 pies de largo parcialmente cargados. Actualmente, el canal mueve

171

unas 200 millones de TM, o sea el 2.9% anual de la carga marítima mundial y aproximadamente un tercio de la carga relevante o mercado potencial. Con la ampliación proyectada, el canal podría permitir el tránsito de buques en el rango de hasta 120,000-130,000 dwt. y buques portacontenedores posiblemente de hasta unos 10,500 TEU (según Panamá), pero todos con limitación de calado de 12.3 m y muy estacionalmente de hasta 14.6 m (buques por encima de dicho tamaño y calado: New Post-Panamax – NPPX – Tabla 1.1.). Así, el canal podría llegar a mover aproximadamente 350 millones de TM, sin considerar tiempo de espera y calidad de servicio, manteniendo su participación en la carga marítima mundial o cerca de un tercio de la demanda potencial, quedando una demanda insatisfecha significativa.

1.10. La tendencia de la industria naviera es la construcción y operación de buques entre 150,000 y 250,000 dwt y portacontenedores de más de 10,500 TEU, para lograr economías de escala buscando una mayor eficiencia operativa y rentabilidad. Actualmente, existen unos 1,400 NPPX, excluyendo portacontenedores, o sea 41% de la correspondiente capacidad mundial en dwt. De estos, unos 900 podrían pasar por el Gran Canal por razones de tamaño (hasta 250,000 dwt o buques Nicamax). Para 2019, se esperan unos 3,000 Nicamax, pudiendo hasta duplicar el número de viajes que hacen actualmente por ahorro de tiempo al transitar por el Gran Canal, además de la mayor eficiencia operativa de los mismos por razones de tamaño.

1.11. El transporte marítimo relevante al Proyecto tiene mayores costos por tener que usar rutas alternas a Panamá. Cálculos iniciales indican que: (i) un buque de 150,000 TM navegando de la costa este de Estados Unidos de América (EUA) a Japón o viceversa tiene un costo adicional de hasta aproximadamente US$ 2.0 millones por viaje de ida y regreso (US$13 por TM), requiriendo 34 días más de navegación; (ii) ese mismo tipo de buque en la ruta costa norte/noreste de Sur América a Japón o a costa oeste de EUA, tendría un costo adicional promedio similar, requiriendo unos 36 días adicionales de navegación; (iii) un buque portacontenedores de 10,500 TEU de costa este EUA a Japón, vía Canal de Suez (ruta que no es muy usada), el costo adicional es de aproximadamente US$0.5 millón por viaje de una vía (US$48 por contenedor), requiriendo siete días más de navegación; y (iv) el costo adicional por viaje de una vía a través del "Land Bridge" de los EUA en ruta costa este de EUA al noreste de Asia es aproximadamente de US$230 por contenedor, con 6-8 días de tránsito menos, aunque esta vía está saturándose rápidamente y con posibilidad limitada de ampliarse significativamente. Los costos y días adicionales de tránsito antes anotados se ahorrarían vía El Gran Canal.

1.12. Actualmente existe la necesidad a nivel mundial de encontrar una solución a la limitante del canal de Panamá. El proyecto de ampliación parcial al canal existente es una alternativa. No obstante, aún en caso de llevarse a cabo dicha ampliación, la capacidad del canal no podría satisfacer la demanda del mercado. Dicha demanda se estima de unos 912 millones y 1,222 millones de TM en 2019 y 2025, respectivamente, la cual excede la capacidad del canal de Panamá ampliado, estimada en unos 350 millones de TM por año.

1.13. La brecha antes planteada entre la demanda y la capacidad de servirla, resalta la necesidad de una nueva vía interoceánica acuática con capacidad de satisfacer la creciente demanda del transporte marítimo mundial a mediano y largo plazo, que sea técnica, financiera y económicamente viable, así como desde el punto de vista de ubicación geográfica, hídrico y del medio ambiente.

1.14. Con el fin de realizar un estudio preliminar para determinar, a la luz de estas necesidades, la viabilidad de construir y operar un canal interoceánico acuático por Nicaragua, el Gobierno de la República creó la Comisión de Trabajo para el Gran Canal Interoceánico en 1999, la cual fue renovada y reestructurada en 2002 y en 2006.

1.15. Este Perfil de Proyecto, con información preliminar, es el resumen del trabajo de la Comisión, concluyendo en principio que el proyecto del Gran Canal Interoceánico por Nicaragua es viable, con grandes beneficios para el país, la región Centroamericana, el comercio mundial, el transporte marítimo y para los inversionistas que participen en él. Además, que el Gran Canal satisfacería una necesidad mundial, que el mejor lugar para construirlo es Nicaragua, por sus condiciones geográficas y recursos naturales únicos -incluyendo amplia disponibilidad de agua y tierras bajas-, que mejoraría el medio ambiente, que es rentable y que generaría muchas inversiones y empleos adicionales.

## C.    Impacto de Desarrollo del Proyecto

1.16. El Gran Canal es un proyecto nacional, promovido por el Estado de Nicaragua, con impactos positivos significativos en el país, en Centro América y a nivel mundial.

1.17. En Nicaragua, el Gran Canal aceleraría el crecimiento económico, incrementando el Producto Interno Bruto (PIB) y el PIB per-cápita en casi dos veces comparado con proyecciones optimistas de una situación sin canal y generando importantes inversiones adicionales, las cuales no son objeto de análisis de este Perfil. Tan sólo la construcción y operación del Gran Canal, aislándola de los otros impactos que tendría el Proyecto en la economía, llevaría al PIB de US$4,900 millones en 2005 a unos US$ 20,800 millones en 2025, en comparación con US$ 11,800 millones en forma optimista para ese mismo año sin el Gran Canal. El ingreso per-capita de los Nicaragüenses se incrementaría de US$857 a $2,258 en ese mismo período, comparado a US$ 1,285 en forma optimista sin el Gran Canal, todo en precios del 2006 (Anexo 2). Esto significaría tener un crecimiento anual promedio del PIB de aproximadamente del 9%, bajo el supuesto que la economía sin canal creciera 4.5% por año, además de los beneficios fiscales, financieros y de balanza de pagos esperados.

1.18. El Proyecto crearía empleos en forma significativa y permanente (se estiman unos 40,000 nuevos empleos directos durante la construcción y 20,000 durante la operación, más unos 120,000 empleos indirectos), contribuyendo a mejorar el nivel de vida de los Nicaragüenses. Además, habría mayor necesidad de capital humano calificado, lo cual implicaría aumentar el nivel de educación en el país, revisar planes de estudio y crear nuevas carreras.

1.19. La construcción del Gran Canal atraería inversiones adicionales en muchos sectores (finanzas, comercio, turismo, servicios, comunicaciones, infraestructura, manufactura, educación,), integrando efectivamente las regiones Atlántica, Pacífica y Central del país. De manera especial, permitiría a la región Atlántica desarrollar su potencial económico, cultural y social como un todo nacional.

1.20. Solamente un proyecto de la naturaleza y magnitud del Gran Canal permitiría no sólo detener el deterioro del medio ambiente en el país, sino que neutralizar el impacto propio del mismo y obtener un verdadero desarrollo ambiental. El Gran Canal conlleva la restauración ambiental de su zona de influencia, entre otras, con el fin de garantizar la sostenibilidad de los recursos hídricos necesarios para su operación, incluyendo mejorar la biodiversidad, la conservación de los suelos, la limpieza del aire y el manejo de bosques y aguas. Durante las últimas tres décadas, Nicaragua ha sufrido daños en su medio ambiente, incluyendo la tala de bosques. El manejo ambiental del Gran Canal permitiría al país -entre otros- recuperar en gran parte los niveles de arborización y de generación de agua de mediados del siglo pasado. Adicionalmente, el Gran Canal afectaría positivamente a muchos grupos humanos, inclusive a los de su zona de influencia directa. El Proyecto incluye US$300 millones como inversión inicial en aspectos ambientales.

1.21. A nivel regional, el Proyecto contribuiría al desarrollo de Centro América y a una verdadera integración operativa y de infraestructura de la región, impulsando los beneficios de la Unión Aduanera de Centroamérica, el Acuerdo Centro Americano de Libre Comercio (CAFTA, por sus iniciales en inglés) con EUA, el comercio interregional en las Américas y el futuro acuerdo comercial de Centro América con la Unión Europea, por mencionar algunos. Además, serviría de motor para una mayor integración de Centro América con todas las regiones del mundo.

1.22. A nivel mundial, el Gran Canal contribuiría al desarrollo del comercio internacional, ayudando a satisfacer la demanda creciente del transporte marítimo mundial y a aumentar la eficiencia del sistema de transporte marítimo; disminuiría los costos de transporte al disminuir los días de navegación por viaje y aumentar el tamaño y eficiencia de los buques, ampliando a su vez la capacidad de la flota marítima; y haría "comercializables" productos en mercados que en la actualidad no lo son por problemas de costos y tiempos de transporte.

1.23. El Gran Canal representaría un ahorro sustancial en costo y tiempo para los usuarios en las rutas más lejanas en el intercambio comercial, v.g., entre el bloque de Norteamérica (Este) y Asia, entre Sur América (Pacífico) y Europa/costa este de EUA, entre Sur América (Norte/Noreste) y Asia/costa oeste de EUA, entre Europa y costa oeste de EUA y entre algunos países del MERCOSUR con el NAFTA, lo cual, a su vez, constituiría un incentivo financiero a las navieras para usar el Gran Canal. Estas, además, tendrían un mayor potencial de utilización de los buques al año, pudiendo hasta duplicar el número de viajes, con aumento significativo de retorno sobre la inversión por buque y la posibilidad de ofrecer mejores tarifas a sus clientes.

1.24. El Gran Canal es una oportunidad para los mercados financieros internacionales de transformar activos financieros líquidos, actualmente elevados, en inversiones físicas necesarias, productivas y rentables. Además, es un Proyecto financieramente rentable en principio, considerando un escenario conservador; que generaría flujos positivos de caja anuales desde unos US$4,675 millones en el primer año de operación, hasta aproximadamente US$15,000 millones a los 25 años de estar operando, en precios de 2006, en los cuales el Estado de Nicaragua tendría una participación.

## D. Cobertura de Riesgos Potenciales

1.25. La conceptualización y diseño del Proyecto permitirían neutralizar o minimizar los riesgos potenciales normales para un proyecto de inversión del tipo del Gran Canal y en el mundo en desarrollo, así como sacar provecho de ellos.

1.26. La aprobación por la Asamblea Nacional del anteproyecto de Ley del Régimen Jurídico del Gran Canal Interoceánico por Nicaragua, el contrato a firmarse entre la empresa responsable de diseñarlo, construirlo y operarlo y el Estado de Nicaragua, y las provisiones —entre otras- de que el Gran Canal se considerará un Servicio Público Internacional y Neutral, así como la posibilidad de recurrir a tribunales de arbitraje en los cuales participa Nicaragua para dirimir diferencias entre las partes, manteniendo Nicaragua la soberanía, son elementos que minimizan el aspecto de incertidumbre política y cambio de reglas de juego inherentes a proyectos de este tipo. Además, la importancia del Proyecto en el mundo, la transparencia con que Nicaragua está manejando la cosa pública, el apoyo interno y el manejo profesional que se le ha venido dando y que se le seguirá dando al Proyecto, contribuyen a minimizar aún más el aspecto antes referido.

1.27. Las normas de diseño y construcción, así como la ruta recomendada del Gran Canal, permiten mitigar los riesgos de desastres naturales. En relación a la ruta recomendada, la historia enseña actividad volcánica y sísmica mucho más benigna que en el resto de Centro América y sin daños significativos. Además, la ruta recomendada no interfiere con ningún río de consideración.

1.28. El desarrollo ambiental constituye uno de los dos componentes del Proyecto (Capítulo V, Aspectos Ambientales). El Proyecto, Amigo del Ambiente, considera que el mismo depende en mucho de aspectos ambientales (v.g., generación sostenida de agua en el futuro). El enfoque incluye realizar los estudios de impacto ambiental y sobre asentamientos humanos del caso e identificar las acciones requeridas, no sólo para neutralizar y cambiar potenciales impactos negativos del Proyecto antes de que sucedan, sino que para revertir el deterioro ambiental en Nicaragua y tener así un enfoque práctico y coordinado de desarrollo del medio ambiente. Esto hará del Gran Canal un proyecto con ventajas ambientales para la población, para Nicaragua y para el propio Proyecto.

1.29. El Proyecto se daría en concesión o a través de un APPP a la empresa privada –posiblemente consorciada- nacional o internacional (la Operadora), la cual, además de tener la capacidad empresarial-gerencial-financiera e idoneidad a requerirse como parte de los criterios del concurso internacional, tendría acceso a los mercados mundiales de capital. Es de mencionarse que se han construido proyectos mucho más costosos que el Gran Canal: v.g., proyecto hidroeléctrico de Itaipú, Euro-Tunel, proyecto hidroeléctrico Las Tres Gargantas, parque industrial Pudong, proyecto hidroeléctrico de Asuan. Aún más, este es un momento cuando los mercados financieros están buscando proyectos físicos rentables, de tamaño grande y a largo plazo, para invertir parte de sus disponibilidades de liquidez. Es también de comentar que ésta es la primera vez que el Gran Canal se está analizando como proyecto de inversión y a ser implementado por el sector privado. Todo lo anterior, unido al trabajo de la actual Comisión de Trabajo y de la propuesta Comisión del Gran Canal, a crearse por ley, unido a las garantías de cumplimiento y financieras que tendrá que otorgar la Operadora, contribuirán a manejar los aspectos de tamaño del Proyecto y a ayudar a asegurar su inicio y terminación.

1.30. El anteproyecto de ley requiere de un concurso internacional abierto y transparente para poder otorgar la concesión o tener un APPP sobre el Gran Canal. Solamente podrán participar empresas o inversionistas privados idóneos, a ser evaluados y aceptados por la Comisión del Gran Canal e instancias del caso. Además, como parte de las reglas, no se permitirá ser socio, accionista o participante en el capital de la Operadora a Estados ni a empresas estatales o del sector público.

## E.    Plan Tentativo de Trabajo

1.31. Bajo el Plan Tentativo de Trabajo se espera que el Presidente de la República anuncie el Proyecto en Septiembre / Octubre 2006 y presente próximamente el anteproyecto de ley del Gran Canal a la Asamblea Nacional para su aprobación, la cual es imprescindible para el desarrollo del Proyecto.

1.32. El Gran Canal podría requerir hasta 12 años a partir de ahora para comenzar a operar. Ello incluye, en forma general, dos años para invitar a hacer propuestas, recibirlas, evaluarlas, negociar y firmar el correspondiente contrato; tres años para estudios y diseño preliminar; y seis años para diseño final y construcción.*Comisión de Trabajo Gran Canal*

CAPITULO II
Aspectos de
Mercado

## Capítulo II. Aspectos de Mercado

## A.    Conclusiones

2.01. Existe mercado suficiente para justificar el estudio de pre-factibilidad y factibilidad, diseño, construcción y operación del Gran Canal, basado en supuestos razonables.

• La demanda potencial estimada del Gran Canal para 2019 (año estimado de inicio de operaciones) es de 912 millones de TM y para 2025, 1,222 millones de TM. La demanda esperada del Proyecto es de 416 millones de TM y 573 millones de TM para 2019 y 2025, respectivamente (3.9% y 4.5% de la carga marítima mundial), o ingresos de US$ 5,408 millones y de US$ 7,456 millones para dichos años, en precios de 2006. La tasa promedio de crecimiento anual de la carga marítima mundial se estima en 3% hasta 2025; la de transporte de contenedores Asia costa este de Norte América y viceversa, en 7.0% hasta 2015 y 5% de 2016 a 2025 (por debajo de lo estimado por fuentes especializadas); la de la demanda potencial, en 5.0%; y la de la demanda esperada del Proyecto, en 5.50% hasta 2025 y 4.5% después de dicha fecha.

• El número inicial de tránsitos anuales por el Gran Canal se estima en unos 2,773 y 3,820 para 2019 y 2025, respectivamente con una carga promedio de 150,000 TM/buque.

• El canal de Panamá ampliado, cubriría aproximadamente un tercio del mercado potencial estimado y el 2.9% de la carga marítima mundial en el año 2025, manteniendo su participación actual. Dicho canal ya saturado, más la expansión proyectada, podría tener -según Panamá - capacidad para buques portacontenedores de hasta 10,500 TEU y petroleros/graneleros de hasta 120,00-130,000 TM (New Panamax), pero con calado de hasta 12.3 metros y estacionalmente de hasta 14.6 metros. Buques por

183

encima de dicha capacidad y calado, hasta 250,000 dwt (Nicamax), serían mercado cautivo para el Gran Canal.

• El número de buques NPPX es de aproximadamente 1,400 (tanqueros y graneleros), de los cuáles 500 buques son mayores a 250,000 dwt (con más de 21 metros de calado o Post-Nicamax, que no podrían pasar por el Gran Canal), siendo por tanto la demanda potencial actual de 900 buques sin incluir portacontenedores. Se estima que para el año 2019 la demanda potencial total de buques Nicamax sería del orden de 3,000.

• El segmento de los NPPX petroleros que podría transitar por el Gran Canal es de aproximadamente 350 buques actualmente, que representan cerca del 20% del total mundial en términos de dwt para este tipo de buques. Este segmento incluye todos los buques petroleros Suezmax (hasta 200,000 dwt) y parte de los Grandes Petroleros (VLCC-Very Large Crude Carrier) que oscilan entre 200,000 y 300,000 dwt.

• Con respecto a los buques graneleros, el segmento de los NPPX que podrían transitar por el Gran Canal es de aproximadamente 550 buques actualmente, que representan más del 25% del total mundial en términos de dwt de los mismos. Este segmento excluye 15 buques que representan solamente el 1% del total granelero en dwt.12 *Gran Canal Interoceánico por Nicaragua* .

• El Gran Canal también permitiría el tránsito de futuros NPPX portacontenedores superiores a los 10,500 TEU, hasta el máximo buque portacontenedor concebido, el Malacca-Max de 18,000 TEU. Los mayores buques portacontenedores que navegan actualmente tienen aproximadamente un tonelaje de 100,000 dwt, capacidad de 8,000 TEU, calado de 14 metros (los cuales por su calado sólo podrían pasar estacionalmente por el canal de Panamá ampliado) y una manga mayor a los 32 metros. Existen órdenes de construcción de 16 buques de 12,000 TEU y se estima que el segmento superior a los 10,500 TEU será el de mayor crecimiento en términos de dwt durante los próximos 20 años.

• El Gran Canal generaría ahorro en costo y en tiempo de navegación a los buques transitando actualmente por rutas alternas relevantes. Asimismo la operación de buques más grandes también generaría ahorros por economías de escala en comparación con buques de menor capacidad. Estos ahorros, a su vez, permitirían una disminución en tarifas al usuario de los servicios de transporte marítimo.

• Finalmente, el Gran Canal tendría un impacto importante en la industria naviera al estimular la construcción de buques NPPX, buques que al entrar en operación demandarían un desarrollo portuario adicional tanto en infraestructura como en equipos para atender estos buques, en particular en los puertos de origen y destino de las rutas de contenedores.

## B. Análisis de la Demanda
### a. Tráfico Marítimo Mundial

2.02. El tráfico marítimo mundial se estima en aproximadamente 10,529 millones de TM para el año 2019 y 12,572 millones para 2025. Se estima que un 85% del volumen del comercio mundial se realiza por la vía marítima. El tráfico marítimo mundial registró durante el año 2004, su décimo-noveno crecimiento anual consecutivo, alcanzando 6,758 millones de TM. La Figura 2.1 muestra la evolución del Tráfico Marítimo Mundial por grandes sectores, de 1990, 2000 y 2004, según datos de United Nations Conference on Trade and Development (UNCTAD).

2.03. En línea con estimaciones de fuentes especializadas (v.g., Clarkson, Global Insight), el tráfico marítimo mundial crecerá a una tasa anual de 2.5% a 3.0% en los próximos veinte años (3.8% promedio por año de 1990 a 2004). En tanto la carga mundial en contenedores crecerá a un ritmo anual de 6.0% en ese mismo período (9.9% promedio anual durante 1990-2004). **Carga LíquidaCarga SecaCarga Total**1,7552,1632,3163,8214,4424,0085,9846,7582,25 3-2,0004,0006,0008,00019902000200413 *Aspectos de Mercado*

### b. Demanda Potencial y Esperada de Tráfico del Proyecto

2.04. Los productos principales que se transportan masivamente y en buques grandes que son objeto de

186

análisis, son: petróleo crudo, carbón, mineral de hierro, cereales y carga en contenedores. Estos productos representan aproximadamente el 60% del tráfico marítimo mundial.

2.05. La demanda potencial de tráfico del Proyecto (Tabla 2.1), de 912 millones de TM y 1,222 millones de TM, para 2019 y 2025, respectivamente, incluye una estimación de un 25%, por otras cargas no consideradas en el análisis, como derivados del petróleo, gas natural, químicos, fosfatos, bauxita, aluminio, otros graneles, maquinaria y equipo, vehículos, cruceros, carga refrigerada y general, así como demanda generada por el propio proyecto. La demanda esperada del Proyecto es de 416 millones de TM y 573 millones de TM para 2019 y 2025, respectivamente, representando el 3.9% y el 4.5% de la carga marítima mundial para esos años (Tabla 2.2) y aproximadamente el 46% del mercado potencial para esos años.

2.06. Se espera que el Gran Canal tenga una tasa de crecimiento de aproximadamente 5.5% promedio anual en los primeros seis años y 4.5% a partir del sexto año, considerando la tasa de crecimiento de la carga marítima mundial y específicamente de la carga de contenedores, más el impacto del Proyecto sobre el transporte marítimo: apertura de nuevas rutas usando el Gran Canal, nuevos productos "comercializables", aceleración en la construcción de buques en el segmento de los 150,000 a 250,000 dwt y un ajuste de los mercados.

## i. Tráfico de Petróleo Crudo

2.07. Las proyecciones sobre el tráfico mundial de petróleo crudo para 2019 y 2025 indican 2,115 y 2,340 millones de TM, respectivamente, sin incluir los derivados del petróleo que representan aproximadamente un 30% del petróleo crudo. Dichas proyecciones se estimaron con una tasa de crecimiento anual de 1.7% de acuerdo con el World Sea Trade Service (WSTS).

2.08. La participación porcentual del petróleo crudo en el tráfico marítimo mundial ha descendido de 45% en 1970 a 26 % en el 2004, según la UNCTAD. La región del Golfo Pérsico y América Latina son los principales exportadores de petróleo crudo, representando aproximadamente 2/3 de las exportaciones mundiales. En cambio, EUA y Japón son los principales importadores, representando el 43% de las importaciones totales. El Anexo 3 (pág. 65) presenta información sobre petróleo crudo por principales países/regiones exportadoras e importadoras, para el año 2002.

2.09. La demanda esperada del Proyecto de 24 y 33 millones de TM para 2019 y 2025, respectivamente, contempla -entre otros- ahorro de tiempo de navegación y apertura de nuevas rutas, (v.g. Norte de Suramérica – Noreste Asiático).

## ii. Tráfico de Carbón

2.10. El tráfico mundial proyectado de carbón es de aproximadamente 1,380 millones de TM en 2019 y de 1,850 millones de TM en 2025, creciendo a una tasa anual de 5%, según WSTS. De éste, se estima que 55 millones de TM (4% del total) y 74 millones de TM (4% del total) como demanda potencial en 2019 y 2025, respectivamente. La demanda esperada del Proyecto es de 35 millones de TM en 2019 y de 51 millones de TM en 2025. Esto último considera –entre otros- ahorro de tiempo de navegación entre la costa este de EUA-Asia y apertura de nuevas rutas (v.g. Colombia – costa oeste de EUA).

2.11. De acuerdo con cifras de la UNCTAD, el crecimiento del tráfico marítimo del carbón, especialmente el utilizado como fuente de energía, fue la principal causa del crecimiento global de las cargas secas durante las décadas de los 80 y 90. En 1980, el tráfico marítimo de carbón fue de 200 millones de TM, creciendo a una tasa promedio de 5% anual, hasta alcanzar una cifra sin precedentes de 650 millones de TM en el 2004. El Anexo 4 (pág. 65) presenta las cifras para el año 2003 del carbón por principales países/regiones exportadoras e importadoras. China se ha convertido en el segundo mayor exportador de carbón, con casi 95 millones de TM.

## III. Tráfico de Mineral de Hierro

2.12. Las proyecciones indican que el tráfico mundial de mineral de hierro será de aproximadamente 833 millones de TM en 2019 y de 994 millones de TM en 2025, con una tasa de crecimiento anual de 3.0% de acuerdo al WSTS. De éstas, se estima que 171 millones de TM (20.5% del total) representarán mercado potencial para el Gran Canal en 2019 y un mercado esperado de 40 millones de TM. Para 2025, el mercado potencial se estima en 205 millones de TM (20.6% del total) y la demanda del Proyecto en 58 millones de TM.

2.13. El patrón de importaciones del mineral de hierro ha cambiado significativamente en años recientes, con la reducción de la predominancia de Japón y de Europa a favor de los mercados crecientes de China, Taiwan y Corea. Durante el año 2004, los embarques de mineral de hierro crecieron un 12.6%, hasta alcanzar un total de 590 millones de TM. Como países exportadores, Australia y Brasil, que representan alrededor del 70% de las exportaciones mundiales, registraron tasas de crecimiento de 8.5% y 10% respectivamente. China sigue ejerciendo la mayor influencia sobre la demanda de mineral de hierro transportado por vía marítima, al registrar un incremento de 33% en 2004, para alcanzar 208 millones de TM, un incremento de casi 50 millones sobre el año anterior. La mayoría del mineral de hierro de América Latina es originada en la minas de Brasil y es exportada a China, Japón y Lejano Oriente por la vía del Cabo de Buena Esperanza, al igual que las exportaciones de Australia a Europa. El Anexo 5 presenta las cifras para el año 2003 del mineral de hierro por principales países/regiones exportadoras e importadoras.

### IV. Tráfico de Cereales

2.14. Las proyecciones de carga de cereales, con tasa de crecimiento anual de 0.9%, indican unos 314 millones de TM para 2019 y de 331 millones de TM para 2025, de las cuales unos 78 millones y 85 millones de TM, respectivamente, representan un mercado potencial del Gran Canal. Esto en el supuesto de usar buques más grandes para aprovechar las economías de escala, ya que actualmente están limitados por las dimensiones del canal de Panamá y por la alternativa por el Cabo de Buena Esperanza que es más costosa. Es de mencionar que, a diferencia de los otros productos, los patrones de oferta y demanda de cereales son a menudo afectados por repentinos cambios en las condiciones climáticas, que resultan en cosechas deficitarias o excedentarias. La demanda esperada del Proyecto es de 47 millones y 59 millones de TM en 2019 y 2025, respectivamente.

2.15. Los embarques de cereales durante el año 2004, alcanzaron la cifra de 250 millones de TM, con un incremento de 4.2% con respecto al año anterior que fue de 240 millones de TM. EUA, como mayor exportador, registró 110 millones de TM. Una gran proporción (más del 80%) de los cereales de EUA, salen por los puertos del Golfo de México hacia el Lejano Oriente y Japón, vía el Canal de Panamá. No obstante, se está abriendo un importante mercado de soya de Brasil hacia China. El Anexo 6 (pág. 66) presenta las cifras para el año 2003 de los cereales por principales países/regiones exportadoras e importadoras.

## V. Tráfico de Contenedores

2.16. El tráfico marítimo de contenedores ha crecido a partir de 1993, a un ritmo promedio anual de 10%, hasta alcanzar un poco más de 900 millones de TM (90 millones de TEU) en el año 2004. El tráfico de contenedores Asia – EUA llegó a 161 millones de TM en el 2004 (17.6% del tráfico mundial de contenedores), uno de los principales tráficos relevantes para el Gran Canal.

2.17. El tráfico de contenedores Asia – EUA comprende la rutas Transpacífico y Todo Agua, la primera transitando de Asia a la costa oeste de EUA y viceversa, la segunda transitando de Asia a la costa este de EUA, vía canales de Panama y de Suez (vía poco usada). Es importante destacar que más del 60% del tráfico Transpacífico tiene como destino la costa este de EUA vía el "Land Bridge" (párrafo 2.30).

2.18. La Tabla 2.3 muestra en detalle el tráfico de contenedores Asia – EUA y las otras rutas relevantes, con estimaciones hasta 2025 proyectadas con una tasa anual de crecimiento de 7%, hasta el año 2015 y 5% para los años restantes. La demanda potencial sería de 258 y 390 millones de TM para el año 2019 y 2025, respectivamente: del Tráfico Todo Agua (107 y 152 millones de TM), del "Land Bridge" (106 y 176 millones de TM) y de otras rutas como Europa – Costa Oeste de EUA (45 y 62 millones de TM) para 2019 y 2025, respectivamente. La demanda esperada del Gran Canal es de unos 166 millones de TM, en 2019, y de 229 millones de TM en el 2025, tomando en cuenta el nivel de saturación del "Land Bridge", la ampliación de Panamá, el crecimiento esperado de la demanda de dicho servicio, la significativa diferencia de costos entre el "Land Bridge" y el Gran Canal (párrafo 2.36) y la demanda generada por el Gran Canal.

2.19. La carga contenedorizada se transporta en servicios de línea regular, con fletes altos, embarques individuales pequeños que se consolidan y productos de alto valor agregado, en tanto los graneles líquidos y sólidos, y los gases se transportan en servicios eventuales o "tramp", o en contratos por tiempo determinado o por viaje, y directamente de un puerto de origen a uno de destino, con fletes bajos, embarques masivos (graneles) y materias primas de bajo costo relativamente.

## c. Flota Mundial de Buques

2.20. La flota mundial de buques alcanzó la cifra de aproximadamente 857 millones de dwt en 2004, de acuerdo con la UNCTAD, creciendo a un ritmo de 1.7% anual entre 1995 y el 2004. Esto se debió principalmente a la combinación de una significativa reducción de casi el 8% anual de la flota de los buques petroleros/graneleros/mineraleros durante el período, principalmente por bajas en el costo de flete, con un notable crecimiento de 8% anual en la flota de buques portacontenedores en ese mismo período, tendencia la primera que se está revirtiendo desde ya y la última que se espera continúe para el mediano y largo plazo.

### i. Buques Petroleros

2.21. El petróleo, tanto crudo como refinado, sigue siendo el producto más importante que se transporta por la vía marítima y los buques petroleros son los buques más grandes que existen. En el 2004 los buques petroleros registraron 323.9 millones de dwt.

2.22. En la Tabla 2.5 se muestra la distribución y composición porcentual de buques petroleros de acuerdo a su tamaño para el año 2004. Es de notar que los buques petroleros mayores a 120,000 dwt, representan en número el 21% y en capacidad el 55% de la flota mundial petrolera, aproximadamente 767 buques petroleros.

## ii. Buques Graneleros

2.23. Los buques graneleros representan en número la mayor flota mundial, superando también en tonelaje a los petroleros en el año 2004, al registrar 343.9 millones de dwt. Estos buques que transportan cargas a granel sólidas o secas, poseen una variedad de diseños así como una diversidad de tamaños. Los productos más importantes que transportan los buques graneleros, son materias primas, minerales, carbón, cereales y fosfatos, entre otros.

2.24. La Tabla 2.6 muestra la distribución de buques graneleros mayores a 130,000 dwt, los cuales representan en número el 9% y en capacidad el 28% de la flota mundial de graneleros, aproximadamente 568 buques.

## iii. Buques Portacontenedores

2.25. Los buques portacontenedores alcanzaron la cifra de más de 90 millones de dwt durante el año 2004, creciendo a un ritmo de más de 8% anual en el período de 1995 a 2004.

2.26. En julio de 2006, el primer buque portacontenedor de 9,600 TEU realizó su viaje inaugural, el cuál no podría pasar por el canal de Panamá ampliado, ya que tiene un calado de 15 metros y se estima que en los próximos dos años estarán navegando los primeros buques de 11,000 y 12,000 TEU. Se prevé que a principios de la próxima década surcarán los mares buques de 15,000 TEU y posteriormente hasta 18,000 TEU.

2.27. La Tabla 2.7 muestra los buques portacontenedores de acuerdo a su capacidad en TEU. Los buques portacontenedores Post-Panamax, representan en número el 11% y en capacidad el 24% de la flota mundial de portacontenedores (aproximadamente 300 buques). La mayoría de los buques entre 3,500 y 4,500 TEU, pueden transitar por el Canal de Panamá, pero no totalmente cargados, por limitaciones de calado del canal.

### d. Estimación del Tránsito de Buques

2.28. El número de tránsitos esperados para el Gran Canal es de unos 2,773 en 2019 y unos 3,820 en 2025, suponiendo una carga promedio por buque de 150,000 TM. Esto representaría en promedio unos 550 buques Nicamax (18.3% de 3,000 buques de este tipo que se esperan para 2019, (párrafo 2.01, acápite 4), transitando unas seis veces al año o tres viajes redondos por el Gran Canal.

### C. Análisis de la Oferta
### a. Principales Rutas Alternas

2.29. Actualmente existen al menos cinco rutas alternativas principales al Gran Canal, siendo ellas las siguientes:

196

**1. El "Land Bridge" de EUA (como parte de la Ruta Asia-costa este de EUA)**, que une la costa este y oeste del mismo, por medio de vía férrea y de transporte automotor, movilizando carga en contenedores.

**2. La Ruta costa norte y este de Sudamérica y costa este de EUA - Asia, vía el Cabo de Buena Esperanza,** utilizada por los grandes buques graneleros transportando mayoritariamente mineral de hierro y carbón.

**3. La Ruta costa este de EUA - Asia, via el Canal de Suez,** limitada a los buques Suezmax de 200,000 dwt, que permite no obstante, el tránsito de los buques portacontenedores Post-Panamax.

**4. Las Rutas a través del Canal de Panamá,** limitada a los buques Panamax, con capacidad de hasta 52,000 dwt y aproximadamente 4,500 TEU parcialmente cargados.

**5. Las Rutas a través del Cabo de Hornos/Estrecho de Magallanes** de origen o destino en países de la costa noreste de América del Sur con Asia y costa oeste de EUA.

### i. El "Land Bridge" de EUA

2.30. El desarrollo del "Land Bridge" ha permitido articular y consolidar una red intermodal amplia, masiva y de flujo continuo. El Land-Bridge está constituido principalmente por tendidos ferroviarios y trenes de doble estiba de contenedores, que atraviesan de manera directa y continua todo el territorio estadounidense, desde el océano Pacífico al Atlántico y viceversa. Entre los principales destaca el macro-puente que conecta a los puertos de Long Beach/Los Angeles, en la costa del Pacífico, con la zona de los Grandes Lagos (Chicago, Detroit) y con los puertos de Nueva York y Norfolk, en la costa Atlántica. También resalta el que une a los puertos de Seattle y Tacoma, en el Pacífico, con Nueva York y Norfolk, pasando, de igual forma, por la zona de los Grandes Lagos. Otro puente terrestre es el que vincula a los puertos de Long Beach/Los Angeles con los puertos de Houston y Nueva Orleans en la costa norteamericana del Golfo de México.

2.31. Hasta mediados de la década de los ochenta, cuando todavía no se estructuraban plenamente los macro-puentes terrestres norteamericanos, la mayoría de los flujos de mercancías asiáticas, destinadas a las zonas industriales del este de los Estados Unidos, tenían que cruzar por el Canal de Panamá para ingresar a ese país principalmente por el puerto de Nueva York.

2.32. Una ventaja de la consolidación de los puentes terrestres norteamericanos es la reducción de los tiempos de tránsito para las cadenas productivas globalizadas. El factor tiempo se ha convertido en un elemento importante dentro de la producción global que trabaja con localizaciones dispersas en lo geográfico, así como con inventarios mínimos y esquemas de abastecimiento de insumos "justo a tiempo". Sin embargo, el costo por esta ruta es mayor que la ruta Todo Agua, (párrafo 2.33), justificándose básicamente para productos de alto valor, estacionales o "justo a tiempo".

2.33. Se estima que la ruta por el Gran Canal requeriría de unos 6-8 días más que el "Land Bridge", para el tráfico Asia - costa este de Norteamérica y viceversa. Sin embargo, vía el Gran Canal habría un ahorro de costo superior a los US$23 por TM o US$230/TEU.

**ii. Rutas Vía Cabo de Buena Esperanza**

2.34. El tráfico principal es por el Cabo de Buena Esperanza, localizado en la parte sur de Africa, es el de mineral de hierro y carbón en los grandes buques graneleros, con origen en la costa este de América del Sur y costa este de EUA, ambos con destino Asia.

2.35. El rango de capacidad predominante de estos buques graneleros oscila entre los 120,000 y 200,000 dwt, aunque existe una cantidad menor de estos buques graneleros que superan los 200,000 dwt, que también transitan por el Cabo de Buena Esperanza.

2.36. El precio de las materias primas como el mineral de hierro y el carbón, son muy sensitivos al costo de flete, por sus precios relativamente bajos, comparados con otras cargas, por lo que cualquier ahorro por economía de escala o ahorro de tiempo, tendría un impacto importante en su comercio. La Tabla 2.8

muestra ahorros por el Gran Canal en las rutas indicadas por el Cabo de Buena Esperanza.

### iii. Rutas Vía Canales de Suez y de Panamá

2.37. Los canales de Suez y de Panamá han tenido y siguen teniendo un gran impacto en el transporte marítimo mundial de mercancías. La cantidad de buques que transita anualmente por ambos canales es aproximadamente del mismo orden, unos 14,000 buques anuales (Panamá sin embargo ha visto reducido su número de tránsitos a un poco más de 12,000, en tanto Suez supera los 15,000). Los ingresos del Canal de Suez cuatruplican los del Canal de Panamá, por tener tarifas más altas y dimensiones permitidas de calado y anchura muy superiores a las de Panamá.

2.38. Respecto a las rutas que pasan por el Canal de Suez, la única que tiene alguna relevancia para este estudio es la Ruta Asia-costa este de EUA y viceversa, transportando contenedores. Un detalle importante es que los principales tráficos de contenedores, Transpacifico, Transatlantico y Europa-Asia son atendidos por buques Post-Panamax.

2.39. El canal de Panamá se encuentra prácticamente en el límite de su capacidad. Las autoridades panameñas han anunciado su ampliación (párrafo 2.01, acápite 3). Es de mencionar que una de las limitaciones serias del canal de Panamá es su disponibilidad de agua, ya que el recurso hídrico de la cuenca del canal es también la principal fuente de consumo de agua potable de parte de la población panameña. La Figura 2.3 muestra que el Tráfico por el canal de Panamá alcanzó su punto máximo en el año 1996, estabilizándose desde entonces alrededor de los 200 millones de toneladas anuales, en tanto el Tráfico Mundial ha estado creciendo a un ritmo de 3.8% anual en la última década y media.

2.40. El número de tránsitos por el canal de Panamá disminuyó hasta el año 2003, aunque ha tenido un cierto repunte desde entonces. La reducción se debe principalmente al tránsito de buques de mayor capacidad. En cambio el tonelaje métrico movilizado se ha estabilizado alrededor de los 200 millones de toneladas, en tanto el tonelaje SUAB (Sistema Universal de Arqueo de Buques), empleado por dicho canal para el del cobro de peaje, se ha incrementado (Figura 2.4).

F. **Peaje**

2.41. El peaje del Gran Canal sería diferenciado dependiendo del tipo de buque y de carga. Para simplificar el análisis se ha calculado el peaje del Gran Canal sobre la base de TM, aplicando USD$ 9.00 por TM para la carga transportada en buques graneleros, tanqueros y similares y USD$ 16.00 por TM para la carga en contenedores, considerando también el ahorro en días de navegación. El peaje promedio ponderado sería de aproximadamente USD$13.00.

2.42. Para lo anterior también se han considerado el costo promedio ponderado del canal de Panamá y los costos por el "Land Bridge". En este caso, existe una diferencia de unos US$23 por TM en comparación con el canal de Panamá o el Gran Canal. El peaje diferenciado está en línea con la situación y desarrollo mundial de la industria de transporte marítimo.

## Capítulo III. Aspectos Técnicos y de Ingeniería

### A.    Conclusiones

3.01. Nicaragua ofrece excelentes condiciones topográficas, geológicas e hídricas para construir un canal interoceánico, lo cual contribuye a la viabilidad del mismo. Las condiciones topográficas facilitarían la construcción de embalses generados por ríos con amplio caudal, para almacenar el agua necesaria para mantener la operación del Gran Canal, complementado por un régimen pluviométrico que oscila entre los 1800mm y los 4500mm anuales. Dichas condiciones topográficas permitirían la construcción de segmentos largos y curvas amplias del canal, garantizando la maniobrabilidad de los buques. Además, la construcción de dársenas o bahías de espera evitarían el congestionamiento y aumentarían la seguridad de tránsito por el Gran Canal. La geología de la ruta propuesta y tierras bajas en ambos litorales facilitarían el movimiento de tierra (excavación y relleno). El ancho del istmo entre los océanos medido en línea recta es de 250 Km. Sin embargo, el Gran Canal tendría 286

Km. de longitud ya que su trazo no es en línea recta, teniendo intercalado el Gran Lago de Nicaragua cubriendo 80 Km. de la ruta, con una altura promedio de 32 m sobre el nivel medio del mar (snmm). Otros aspectos importantes relacionados con el Gran Canal son que la ruta recomendada pasa por una zona con baja densidad de población y el medio ambiente esta completamente deteriorado por la tala indiscriminada de bosques. Todo lo anterior, conjuntamente con la tecnología en la rama de la ingeniería de la construcción, coadyuva a la factibilidad técnica del Proyecto a costos de inversión razonables.

B.    **Ubicación del Proyecto**

3.02. El área de estudio del Proyecto se ubica en las regiones Sur y Sureste del país, entre los océanos Atlántico y Pacifico, en las cuencas del Río Escondido y del Lago de Nicaragua, así como en la parte sur del istmo de Rivas. Incluye la Región Autónoma del Atlántico Sur y departamentos de Chontales, Río San Juan y Rivas.

C.    **Características Topográficas y Geológicas de la Región**

3.03. La región Sur - Sureste de Nicaragua comprende tres zonas bien definidas: Pacífico, Central y Atlántico. La del Pacífico o "Sección A", es común a todas las alternativas de ruta, con un ancho de 20 Km aproximadamente. Se extiende desde la desembocadura del río Las Lajas en el lago de

Nicaragua hasta la desembocadura del río Grande (Brito) en el océano Pacífico, abarcando el istmo de Rivas donde la altura máxima de corte es de 47 m, en el valle que separa las cuencas de los ríos mencionados. El tramo de la ruta del Gran Canal en esta sección tiene una longitud de 30 Km aproximadamente.

3.04. La "Sección B", comprende al lago de Nicaragua, desde la desembocadura del río Las Lajas, pasando al sur de la isla de Ometepe hasta la desembocadura del río Oyate en el lago. Tiene una longitud de aproximadamente 80 Km.

3.05. La "Sección C", comprende la zona del Atlántico, desde la desembocadura del río Oyate en el lago de Nicaragua hasta el océano Atlántico, donde existen varios puntos posibles de salida al mar, entre la desembocadura del río San Juan, por el sur, y Cayman Rock, a cinco Km al norte de El Bluff. Su topografía es escarpada en la parte sur y norte, con algunas alturas hasta de 700 metros y mayormente plana en la parte central (por donde pasa la ruta recomendada), con algunas alturas hasta de 200 metros y con terrenos bajos y algunos inundados en el litoral Atlántico. La longitud de las varias alternativas de ruta en esta Sección varía entre 153 y 202 Km (Tabla 3.1).

3.06. En el aspecto geológico del área del Proyecto se han considerado dos ejes de estudio: tectónico y geológico regional. Las secciones A, B y C están sujetas a temblores de tierra por acción volcánica, dislocación de la corteza terrestre o por ajuste de las placas Coco y Caribe. Sin embargo, las referencias históricas revelan que estas secciones han sido afectadas muy poco por estos eventos, no habiendo evidencias de que se hayan dado daños materiales o pérdidas de vida.

3.07. La Sección A, pese a estar más cerca de la cadena de volcanes del Pacífico, no ha experimentado movimientos de magnitud sísmica fuerte desde la erupción del volcán Concepción en 1883. Las iglesias del puerto de San Jorge, de la ciudad de Rivas y de los otros pueblos de la zona, construidas en distintas fechas durante la época de la colonia española, no han colapsado ni experimentado daños significativos por la actividad volcánica o por acomodamiento de las placas geológicas Coco y Caribe. Los estudios sobre estas afectaciones en la región Sur y Sureste del país, concluyen que el riesgo de daños serios al Gran Canal, sus obras civiles y a los grupos humanos en la Sección A es manejable, siendo el mismo menor en las Secciones B y C y aún menor en esta última. No obstante, los riesgos se tienen que considerar para efectos de diseño y construcción.

D. **Alternativas de Ruta Identificadas**

3.08. Se han identificado seis alternativas de ruta, con varios puntos de origen en el litoral Atlántico hacia el Lago de Nicaragua y una común en el istmo de Rivas:

No.1 Cayman Rock - Río Escondido - Río Mico - Río Oyate - Lago de Nicaragua - Río Las Lajas - Río Brito.

No.2 Cayman Rock - Río Escondido - Mahogany Creek - Río Rama - Río Oyate - Lago de Nicaragua - Río Las Lajas - Río Brito.

No.3 Hound Sound Bar (sur de la Isla del Venado) - Río Rama - Río Oyate - Lago de Nicaragua - Río Las Lajas - Río Brito.

No.4 Punta Gorda - Río Tule - Lago de Nicaragua - Río Las Lajas - Río Brito.

No.5 Punta Gorda - Río Los Sábalos - Río San Juan - San Carlos - Lago de Nicaragua - Río Las Lajas - Río Brito.

No.6 San Juan del Norte - Río San Juan - Lago de Nicaragua - Río Las Lajas - Río Brito.

3.09. Los parámetros principales de cada una de las rutas se muestran en la Tabla 3.1.

**E. Ruta Recomendada**

3.10. Del análisis de estas rutas se considera que la ruta No. 3, con longitud de 286 Km, incluyendo aproximadamente 80 Km en el Lago de Nicaragua, es la más conveniente.

3.11. La selección de la ruta No. 3 se debe a varias razones: (a) requiere un menor costo de inversión (US$ 17.4 millones). Ello se debe principalmente a un volumen menor de excavación de suelos. Además, las características geológicas de la zona, facilitan esta actividad. La topografía del terreno donde se localiza es relativamente plana, con una pendiente ascendente del 2% en los primeros 54 Km desde su inicio en el litoral del Atlántico. A partir de este punto, la ruta se localiza en una depresión natural del terreno, cuya topografía con niveles relativamente uniformes muestra claramente un corredor por donde cruzar entre las estribaciones de la cordillera Chontaleña (alturas entre 60 y 200 metros en ciertos puntos) hasta llegar a un punto situado a 16 Km de la costa Este del Lago de Nicaragua, a partir del cual se inicia otra extensión de terreno plano con una pendiente descendente del 2 % hasta dicho lago; (b) no interfiere con ningún río ni accidente natural mayor, liberándola de problemas hidráulicos; y (c) es la ruta que menos afecta el medio ambiente, el cual se encuentra completamente dañado, y tiene muy poca población.

3.12. A diferencia del resto de la zona, el corredor por donde se localiza esta ruta es una franja de suelos sedimentarios (con excepción de unos 15 Km donde el suelo está compuesto de rocas de diferentes durezas, aunque muchas en estado de descomposición), lo cual facilita su excavación, reduciendo costos.

3.13. La ruta No. 3 es la única que ofrece dos alternativas para construir el Gran Canal. Una de ellas es la opción escogida, * construirlo con dos niveles de operación como se muestra en la Figura 3.2 y como se describe en el párrafo

3.24. operando con agua proveniente de embalses que se construirían en la cuenca del río Escondido y con reserva de agua del Lago de Nicaragua. La otra posibilidad es construirlo a nivel del Lago de

Nicaragua, operando con agua proveniente totalmente del mismo. Esta última opción se descartó por su mayor volumen de excavación y mayor monto de inversión, en comparación con la opción recomendada.

3.14. La ruta No. 6, la tradicional por el río San Juan, se descartó por las siguientes razones: (a) geológicas, ya que el subsuelo en la parte media y baja del río está formado por una capa de material arenoso que varía entre 60' (18 m) y 150' (46 m), desde su confluencia con el río San Carlos hasta su desembocadura en el océano Atlántico; (b) por los efectos negativos al medio ambiente (daños a los ecosistemas fluvial y marino, la destrucción del río por los trabajos de excavación, corte y dragado para rectificar su curso, profundizar y ampliar su cauce para tener curvas amplias y suaves, así como tramos largos y rectos); (c) los compromisos con la UNESCO para resguardar las áreas protegidas ubicadas a lo largo y ancho de su cuenca; (d) las dificultades y costos operativos que generarían los sedimentos acarreados por el río y sus afluentes; y (e) los costos que se generarían por la construcción de obras hidráulicas de protección por crecidas durante períodos de lluvia.

3.15. La ruta No. 1, localizada a lo largo del río Escondido, se descartó por tener los mismos problemas relacionados con el medio ambiente y crecidas de río que la ruta del río San Juan. Además, los flujos adicionales de agua, frecuentes durante el período de lluvias, pondrían en peligro la maniobrabilidad de los buques, aumentando también sus costos de operación al tomar más tiempo de tránsito por el Gran Canal. Es de mencionar que actualmente esta es la vía comercial y de transporte fluvial más importante de la región Sureste del país.

3.16. La ruta No. 2 fue descartada por utilizar parte del río Escondido y por las razones anotadas en el párrafo anterior.

3.17. Las rutas No. 4 y 5 se consideran que no son factibles económica y técnicamente, ya que se localizarían a lo largo de una zona con características topográficas escarpadas, al cruzar la cordillera Chontaleña, con alturas de 600 y 700 m s.n.m.m, lo cual implica construir el Gran Canal con varios niveles de operación y grandes volúmenes de excavación, para pasar del océano Atlántico al Lago de Nicaragua. Otro aspecto desfavorable de estas alternativas es la limitación que impone su topografía a la construcción de embalses y utilización del caudal del río Punta Gorda, para almacenar el agua necesaria que la operación del Gran Canal a diferentes niveles requiere. Además, los grandes volúmenes de excavación incrementarían sustancialmente el monto de la inversión. La ruta No. 5 tiene el agravante que parte de ella se localiza sobre el río Los Sábalos y sobre 40 Km del río San Juan, lo cual significa dañar significativamente dichos ríos, lo que estaría en contra de los compromisos de resguardar las áreas protegidas de la zona y proteger el medio ambiente, así como por las otras razones por las cuales la ruta del río San Juan fue descartada.

**Aspectos de Diseño**

3.18. El criterio básico para el diseño preliminar del Gran Canal Interoceánico por Nicaragua, fue perfilar una vía acuática por la cual pudieran transitar buques NPPX de hasta 250,000 dwt, con las características que se señalan en el párrafo 3.22, teniendo en cuenta que su trazado debería estar conformado por tramos rectos y curvas amplias. Además, el Gran Canal sería de esclusas con tres niveles de operación, para disminuir costos de inversión.

3.19. El Gran Canal tendría los siguientes componentes: los canales de aproximación por ambos océanos hasta las esclusas de transición hacia el canal interior, lo mismo que al entrar y salir del lago de Nicaragua. En su recorrido por el lago, sería de doble vía. El canal interior en las Secciónes "A" y "C" serían de una vía, con dársenas/áreas de espera para facilitar el tránsito de los buques y la operación del canal. Para controlar el aspecto hidráulico del Gran Canal serían necesarios cuatro juegos de esclusas, tres en la sección C y una en la sección A (Figura 3.2). La longitud total del Gran Canal sería de 286 km (176 km en la región del Atlántico, entre la isla del Venado y la desembocadura del río Oyate; 80 km en el Lago de Nicaragua, entre la desembocadura del río Oyate y el río Las Lajas, pasando al sur de la isla de Ometepe; y 30 km en el istmo de Rivas).

3.20. El Gran Canal tendría transversalmente una geometría trapezoidal tanto para las partes de una vía como para las secciones de doble vía, con las características que se indican en la figura.3.3: (a) ancho del fondo (base menor) 60 m para el canal de una vía y 114 m para el canal de doble vía; profundidad 23 m; los taludes o lados del trapecio variarían según las características geotécnicas de terreno por donde cruce. * La base mayor del trapecio (ancho del canal) estaría en función de los taludes o lados del mismo.

3.21. Para el diseño de la plantilla del canal (Figura 3.3), se tomaron en consideración los siguientes parámetros: (a) canal principal de una vía y canales de acceso de dos vías (Figura 3.2); (b) profundidad/altura de 23 m; (c) hidrología de la región (Tabla 3.2); (d) buque de diseño (Tabla 3.3); y (e) topografía y geología de la región.

3.22. Las características del buque de diseño y las esclusas se muestran en la Tabla 3.3. y 3.4

3.24. El proceso del tránsito de un buque del océano Atlántico al Pacífico sería, al tenor de la Figura 3.2, el siguiente: (a) entrada al Gran Canal por el canal de acceso a nivel del mar; (b) subiría por el primer conjunto de esclusas (1 en la Figura mencionada) para pasar del nivel del mar a un nivel intermedio de 32 metros s.n.m.m., y de este a través del segundo conjunto de esclusas (2 en la Figura referida) al nivel de 60 m s.n.m.m; (c) bajaría al nivel del Lago de Nicaragua (32 metros s.n.m.m.) por medio del tercer

211

conjunto de esclusas (3 en la Figura antes mencionada); y (d) de este al océano Pacífico por medio del cuarto conjunto de esclusas (4 en la Figura referida).

**G. Disponibilidad de Agua y Características Hidrológicas**

3.25. En la región Sur-Sureste del país existe más que suficiente disponibilidad de agua para asegurar la operación del Gran Canal. Además, el promedio de 3,200 mm anuales de precipitación y las características especiales de la región, facilitan optimizar el uso del agua (Tabla 3.2 y Figura 3.4). Este nivel de precipitación posiblemente se incrementará con la reforestación de las cuencas por donde cruce el Gran Canal.

3.26. La ruta del Gran Canal en la Sección C, pasa al sur de las cuencas de los ríos Rama y Escondido, este último formado por la confluencia de los ríos Siquia, Mico y Rama, con un caudal de 390 m3/s equivalente a 33.7 millones de m3/día, caudal que aumenta a medida que se desplaza hacia el Atlántico. Luego la ruta propuesta toma la dirección Sur-Oeste hasta desembocar en el Lago de Nicaragua. Este reservorio natural de agua tiene un área de 8,284 Km2 a 31 m s.n.m.m y descarga por el río San Juan 477 m3/s de agua, equivalente a 41.2 millones de m3/día, hacia el océano Atlántico.

3.27. Existe agua en demasía para atender las necesidades del Gran Canal, estimadas en 6.6 millones de m3 diarios, equivalentes a 76 m3/s, para atender 11 tránsitos diarios en 2025. Esta agua será generada por los ríos Siquia, Mico y Rama, cuyo caudal es equivalente a 5.1 veces el volumen de agua que el Gran Canal necesita para su operación. El agua sería suplida por medio de dos represas a construirse en las cuencas de los ríos mencionados. De ser necesario, es factible construir más embalses en las cuencas de dichos ríos y en la del Escondido.

3.28. El lago de Nicaragua, fuente de reserva de agua, en conjunto con la disponibilidad de agua proporcionada por los ríos antes mencionados, garantizarían la operación del Gran Canal. Se espera no usar agua del Lago para la operación del Gran Canal, excepto aquella que fluya a través del Gran Canal proveniente de los embalses antes referidos. Sin embargo, para regular desequilibrios hidráulicos del Lago y sus fluctuaciones de nivel, asegurando el flujo permanente de agua por el río San Juan, en invierno y en verano, se construiría una presa de regulación en la confluencia de los ríos Sábalos y San Juan. Se estima que el volumen de agua almacenado en Lago aumentaría en 15 mil millones de metros cúbicos y a 32 m s.n.m.m. Esto serviría, además, como fuente de agua para atender la demanda potencial de agua de ciudades ubicadas alrededor del mismo, actividades de riego y generación de energía eléctrica, de ser el caso.

## H. Infraestructura Complementaria

3.29. Adicionalmente a la construcción del Gran Canal y sus obras accesorias, sería necesario construir puentes sobre el Gran Canal en la carretera Panamericana en el Departamento de Rivas, en la carretera Acoyapa – San Carlos, Departamentos de Chontales y Río San Juan, y en la carretera la Gateada - Nueva Guinea en la Región Autónoma del Atlántico Sur; acondicionar las carreteras y reforzar los puentes desde los puertos de Corinto o Rama hasta los diferentes sitios de trabajo a lo largo de la obra, para transportar el equipo y maquinaria necesarios; construcción de una posible vía férrea temporal para la movilización del material excavado y carreteras de servicio; planteles con oficinas, bodegas, gasolineras, talleres para el mantenimiento y reparación del equipo automotor; y villas de operadores. Además, sería necesario construir una planta hidroeléctrica y algunas obras preliminares, tales como, plantas trituradoras de piedra, de concreto y de hielo.

## H. Estimación de Costos

3.30. Los costos de inversión en la construcción de las obras civiles permanentes y temporales de la ruta más viable son de aproximadamente de US$ 17.4 billones en precios del 2006.

3.31. El monto estimado de la inversión preliminar se calculó utilizando principalmente los datos de costos unitarios tomados de: "Heavy Construction Cost Data

(R.S. Means 2005)", información de costos utilizados durante el período 1983-1993 por la Comisión Tripartita del Canal de Panamá y actuales usados por la Autoridad de dicho canal, para estudiar el proyecto de expansión del mismo.

## I. Programa Tentativo de Ejecución

3.32. El tiempo de implementación del Gran Canal se estima de nueve años: tres de estudio y seis de construcción. Las actividades críticas de la construcción son la excavación, construcción de esclusas y obras preliminares (Tabla 3.6).

## J. Tiempo de Travesía por el Gran Canal

3.33. El tiempo de travesía de los buques por el Gran Canal, con una velocidad de 6 nudos/hora tomaría entre 24 y 28 horas aproximadamente, según la ruta. La estimación es lineal, relacionando la distancia con la velocidad del buque, sin considerar las características particulares de las rutas.

3.34. Como se puede observar en la Tabla 3.7, el tiempo máximo de tránsito por la Ruta número 3, sería de 26 horas. Esta Ruta, en su sección C, tendría las siguientes particularidades: antes de acceder al canal interior a su inicio por el Atlántico tendría la bahía de Bluefields y por el oeste el lago de Nicaragua; se construirían tres dársenas de espera y el embalse La Providencia que estaría en la propia Ruta. Todo ello serviría de áreas de amortiguación de tráfico, lo cual, unido al sistema electrónico de control de tráfico por el Gran Canal, permitiría flexibilidad, evitaría congestionamiento y garantizaría el tiempo de tránsito estimado sin tiempo de espera.

## CAPITULO IV
## Aspectos
## Ambientales

**A. Beneficios e Impactos Ambientales Positivos del Gran Canal**

4.01. El funcionamiento sostenible del Gran Canal requerirá de la disponibilidad cuantiosa y permanente de agua, mediante un ordenamiento territorial, cambios en el uso de la tierra, manejo de las cuencas hidrográficas involucradas, recuperación de la cobertura forestal y control de la erosión, además de otras medidas que permitan revertir el mal aprovechamiento de los recursos naturales y la contaminación ambiental que tradicionalmente se ha hecho. De hecho la ruta propuesta atraviesa territorios que desde hace varias décadas han sido modificados por actividades agrícolas y pecuarias, las que han sustituido extensamente los bosques originales, reducido el caudal de los ríos e incrementado el arrastre de los suelos. Las acciones anteriores son indispensables y deberán ser incluidas en los costos del Proyecto, para garantizar el desarrollo y mantenimiento del mismo a través de la restauración ambiental del territorio. Se anticipa que el Gran Canal no afectará negativamente a ninguna agrupación humana, si no que más bien proveerá de beneficios.

4.02. Los mayores componentes de costo de inversión del Proyecto están relacionados con la construcción del mismo. El costo de evaluación del impacto del Proyecto en el medio ambiente y en grupos humanos y de las medidas a tomarse pareciera representar un monto relativamente pequeño en relación al costo total, US$300 millones estimados inicialmente, más un monto para reubicación de personas/familias. Sin embargo, en términos absolutos es de tamaño significativo y tiene un enorme valor para ayudar a evitar problemas costosos y asegurar el desarrollo del Proyecto con un medio ambiente beneficioso para la comunidad, los inversionistas y el país. Los costos operativos del. Proyecto incluirán algunos recursos adicionales, según sea necesario.

4.03. Los resultados ambientales que tendría el Gran Canal, por la magnitud y costo que se propone, generarían suficientes flujos para orientar recursos al mejoramiento y conservación del ambiente natural en su área de influencia. Este mejoramiento del medio ambiente va a garantizar el funcionamiento hidráulico del Gran Canal en forma sostenible. Además, se pueden esperar los siguientes beneficios eco-ambientales directos derivados de la construcción del mismo:

i. Conservación garantizada y manejo sostenible de extensas áreas del bosque húmedo y seco tropical en el sureste de Nicaragua e istmo de Rivas, incluyendo las reservas biológicas existentes con toda su rica biodiversidad, actualmente amenazadas por el avance de la frontera agropecuaria y la deforestación.

ii. Reforestación de áreas degradadas e implementación del manejo forestal sostenible de la extensa cuenca del Lago de Nicaragua comprendida dentro del territorio nacional.

iii. Establecimiento de plantaciones forestales bien manejadas para la producción de madera de calidad y su industrialización en Nicaragua.

iv. Introducción de la agroforestería, silvicultura y manejo de fauna en forma tecnificada para diversificar la producción en las áreas tradicionalmente ganaderas de Rivas, Boaco, Chontales, RAAS y partes de Río San Juan.

v. Creación y ampliación de nuevos hábitats acuáticos en los embalses proyectados para el Gran Canal y terrestres en las islas que se formen en medio de tales embalses, con fines de conservación, recreación, pesca, investigación biológica, ecoturismo y opciones para generar energía localmente.

vi. Posibilidad de utilizar zonas excavadas y suelos removidos para establecer piletas de retención para plantar cultivos o desarrollar proyectos de acuacultura.

vii. Extensión del rico ecosistema estuarino y de los manglares a lo largo de los canales costeros de penetración en ambos litorales.

viii. Acceso y aumento de la actividad turística y ecoturistica, con variedad de ambientes naturales, a lo largo de la ruta canalera.

ix. Inserción de Nicaragua al mercado de pagos por servicios ambientales, estableciendo modalidades locales e internacionales, en especial aquellas referidas al mercado almacenamiento y fijación de carbono, manejo y conservación de biodiversidad, uso y manejo sostenible de suelos y aguas, preservación de la bellezas escénicas naturales que está ligado al desarrollo forestal en las cuencas que coadyuvan a mantener bosques productores de agua.

**B. Estudio de Impacto Ambiental: Calificación y cuantificación de posibles impactos y afectaciones a los ecosistemas, recursos naturales y asentamientos humanos**

4.04. Un estudio completo de impacto ambiental y sobre asentamientos humanos será requerido para toda la zona de influencia del Gran Canal. Además, una serie de actividades de desarrollo ambiental y manejo sostenible de los recursos naturales tendrán que ser definidas, incluyendo todas aquellas relacionadas a los grupos humanos de la zona. Es importante realizar todo esto en una etapa temprana del Proyecto, para incluir las medidas y acciones necesarias como parte de éste último, así como para prever con anticipación lo que sería requerido para detener el deterioro del medio ambiente en Nicaragua, revertir ese deterioro y convertirlo en un verdadero desarrollo del mismo.

4.05. Para asegurar que los estudios y medidas ambientales requeridos sean efectivos, será necesaria una verdadera coordinación interinstitucional entre las varias instancias del sector público, así como el desarrollo de sus funciones individualmente.

4.06. El estudio para construir el Gran Canal debe considerar los efectos ambientales en ambos litorales, en el lago de Nicaragua y en sus cuencas, que el trazado afectaría, de manera que mitigue sus impactos, y que por sobre todo, permita la recuperación del territorio desde el punto de vista de sus aguas, suelos, bosques y los otros elementos que componen el ecosistema intervenido, para la mejoría de los asentamientos humanos y protegerlos contra los efectos adversos, derivados del clima y del mal uso de los territorios. Estos deben ser realizados considerando lo siguiente:

**a. Impacto Sobre los Océanos**

4.07. El Proyecto aunque no contempla la construcción de puertos que no sean para servicio directo del mismo, eventualmente se construirán en forma independiente. Estas instalaciones y los canales de acceso del proyecto tendrían que considerar el comportamiento de oleajes y mareas, circulación de corrientes costeras y niveles de deposición de sedimentos. Por lo tanto, aunque en forma preliminar deben realizarse estudios para cuantificar los efectos que se pueden esperar sobre las zonas litorales, así como las consideraciones costeras que deben tomarse en cuenta en el proceso de diseño, lo mismo que las medidas mitigadoras que se deben implementar para minimizar los impactos adversos sobre la zonas inmediatas a la costa.

4.08. Para efectos del estudio es necesario obtener información específica sobre:

1. Información batimétrica en los canales de acceso en las áreas hacia el canal en ambos océanos.

2. Niveles de sedimentación y arrastre litoral de sedimentos

3. Información geotécnica para los puertos y construcciones del recinto portuario
4. Instalación de estaciones mareográficas para obtener datos de mareas o tablas de las mismas

**b. Medio Ambiente en ambos litorales**

4.09. La bahía de Bluefields ha sido afectada por el proceso de sedimentación proveniente de la cuenca del río Escondido. La bahía también tiene un patrón de circulación por el influjo de los ríos Escondido y Kukra, las entradas del mar por el norte en El Bluff y por la entrada al sur de la isla del Venado. Es necesario hacer estudios en esta área para conocer los efectos que se pueden esperar en cuanto al transporte y depósito de sedimentos, movimiento hidrodinámico del agua y otros flujos que contribuyen con agua dulce alimentar a la bahía, así como los varios efectos en el ecosistema marino inmediato.

4.10. Entre los datos específicos que se requerirán para apoyar estos estudios se mencionan:
1. Batimetría de la Bahía
2. Estudio de la descarga de sedimentos
3. Información biológica de la fauna y del ecosistema costero marino.

4.11. En cuanto a las condiciones ambientales de la costa del Pacífico, si bien esta no recibe una carga de sedimentos comparable a la del Caribe, su fauna resulta más interesante, por encontrarse frente a un fenómeno de surgencia de aguas templadas más profundas, ricas en nutrientes, cuyas consecuencias son una mayor productividad y variedad pesquera próxima a la costa y la convergencia masiva de tortugas marinas que salen a desovar en las playas de Chococente y La Flor, declarados como Refugios de Vida Silvestre.

## c. Cuenca de la Región del Caribe

4.12. Las cuencas de la región sur del Caribe han sido gradualmente invadidas por colonos de la región del Pacifico y Central, afectando sus características hidrológicas por la deforestación al sustituir los bosques húmedos por pastizales para la ganadería, además de variadas actividades agrícolas y explotación de recursos naturales. Para comprender mejor este proceso sobre las cuencas y su efecto en los terrenos sujetos a inundación, se necesitará de mayor investigación. Estudios adicionales serán necesarios para describir:

1. Extensión de forestación y uso de la tierra.

2. Impacto de la deforestación en las características de las cuencas y escorrentías, volúmenes de sedimentos acarreados a lo largo del año.

3. Afectaciones en el drenaje natural de las aguas.

4. Orientación del flujo de agua subterránea y velocidad de recarga.

5. Facilidad de construir canales y la eficiencia en la excavación en material aluvional a lo largo del corredor de la ruta (exploración geotécnica).

6. Investigación de suelos para determinar la estabilidad de los taludes, conductividad hidráulica, utilización de suelos, construcción de bermas y represas.

7. Inventario forestal, de flora y fauna silvestre del área de influencia.

## d. Lago de Nicaragua y Cuencas Tributarias

4.13. El análisis ambiental incluirá todos aquellos aspectos relevantes mencionados anteriormente para las cuencas del Caribe, que fueran aplicables a las cuencas que drenan en el Lago de Nicaragua. Al igual que aquellos aspectos de la contaminación que afecta sus aguas, el manejo de productos tóxicos y de desechos peligrosos y su afectación a la calidad de las mismas para consumo humano y de las poblaciones.

4.14. El Lago de Nicaragua, con una riqueza ambiental especial, cumple una doble función: actúa como un gran embalse de almacenamiento que permite un caudal naturalmente regulado y funciona como un gran reservorio de sedimentos que se originan en la cuenca del Lago, lo cual también se tiene que estudiar en cuanto a impactos se refiere. En este contexto, se tienen que considerar los flujos de agua que entrarían al lago provenientes de los embalses en la sección C del Gran Canal y los flujos de salida hacia el Pacífico, así como cualquier impacto que pueda ser producido por la presa de regulación en la confluencia de los ríos Sábalos y San Juan.

4.15. También tienen que considerarse los ríos que desembocan en el lago, que son unos 25 aproximadamente. En la vertiente oriental, los ríos pasan gradualmente de un régimen intermitente a perenne, a medida que se aproximan al sector sureste, debido al incremento en la pluviosidad. Los que vierten por el lado occidental, son de corto recorrido y pendientes suaves; los que vierten por el lado sur se originan en territorio de Costa Rica y sólo una corta longitud de su recorrido se desarrolla en territorio de Nicaragua.

4.16. Aunque existen estudios hidrológicos relacionados con el lago de Nicaragua, realizados en los dos últimos siglos por la Comisión del Canal de Nicaragua del Cuerpo de Ingenieros del Ejercito de los Estados Unidos de América, y estudios de varios proyectos, es necesario, por la envergadura del proyecto del Gran Canal, hacer análisis más detallados de su capacidad hidráulica, modelos de simulaciones para conocer el nivel óptimo de operación del embalse y confirmar los niveles asumidos en este estudio preliminar, con el enfoque de prevenir cualquier afectación negativa potencial al medio ambiente y a grupos humanos y poblaciones aledañas.

4.17. Es necesario iniciar la ejecución de los estudios que se mencionan a continuación con el objetivo de obtener los datos básicos necesarios para desarrollar los estudios de factibilidad y diseño, para los efectos de prevención y desarrollo ambiental:

1. Levantamiento batimétrico del Lago de Nicaragua

2. Estudios de sedimentación en el Lago Nicaragua y corrientes.

3. Información biológica para el estudio de los ecosistemas lacustre y fluvial.

B. **Medidas de Pevención de Desastres Naturales, Mitigación de Impactos Ambientales y Sostenibilidad de los Recursos Naturales (no renovables y renovables).**

4.18. Los aspectos ambientales y operativos del Gran Canal deberán incluir un sistema de regulación y seguimiento sobre seguridad para el tráfico por el mismo. Es de mencionarse que en sus 90 años de operación, el canal de Panamá, el cual es un canal de esclusas similar conceptualmente al que se construiría por Nicaragua, no registra accidentes con derrames de materiales tóxicos o peligrosos, ni problemas de contaminación. Este nivel de seguridad se ha incrementado porque las agencias de seguridad marítima mundial, han establecido normas más estrictas en el control de las operaciones en los puertos, normas más rigurosas que controlan las actividades de las sociedades clasificadoras, y fijado un calendario a nivel mundial para sacar de circulación los buques tanqueros de casco sencillo y reemplazarlos con buques de doble casco que transportan petróleo y otros materiales tóxicos.

4.19. En el canal de Panamá hay un sistema de regulación para el control y seguridad que lo protegen de los accidentes mencionados. Otro aspecto importante es que el Lago de Nicaragua es una masa de agua interna de poca profundidad y extensión comparada con los océanos, lo que impide que en el mismo se desarrollen tormentas con características oceánicas. Sin embargo, los sistemas de prevención y seguridad ante desastres naturales y ambientales también deben prever esto.

4.20. Las normas de seguridad que regulan el tráfico en el Canal de Panamá lo han mantenido libre de accidentes que contaminen el agua de los lagos de Gatún y Maden. Estos dos lagos también suministran el agua para la ciudad de Panamá y otras ciudades y pueblos que están en el área de influencia del canal. Lo anterior es una evidencia que la implementación de regulaciones estrictas para el tránsito por el canal y características constructivas de los buques de la industria de tanqueros, serán una herramienta para proteger, entre otros, el Lago de Nicaragua.

4.21. La restauración ambiental del territorio, en las regiones sur y central-sur de Nicaragua, solamente es posible si un megaproyecto canalero de la magnitud propuesta, destina una parte de la inversión inicial y de sus beneficios económicos futuros, a la recuperación y mantenimiento sostenible de los caudales y cuencas que aportarán agua para el funcionamiento de la obra. Esta consideración es una de las más determinantes de la factibilidad del Proyecto, ya que el agua y su forma natural sostenible de producción, es elemento esencial e indispensable para garantizar la operación del Gran Canal.

4.22 Con estas acciones no se trata únicamente de dar respuestas a las inquietudes válidas presentadas por los ecologistas, conservacionistas y público en general, o cumplir con las demandas y condiciones que imponga el Estado con relación a la ecología del país. Se reconoce la conveniencia per-se del buen manejo de los ambientes y recursos naturales, a lo largo del trayecto del Gran Canal, para garantizar el funcionamiento sostenible de las instalaciones u operaciones del mismo y justificar la inversión financiera que la obra va a requerir. De ello, una pequeña parte puede mejorar notablemente la ecología del sur de Nicaragua y servir de ejemplo para el ordenamiento geográfico de otras zonas o regiones.

4.23. Un proyecto de la magnitud del Gran Canal es de gran complejidad y requiere –entre otros- de una evaluación del medio ambiente completa y detallada. El objetivo es que el riesgo potencial sea previsto, así como las medidas para evitarlo, mitigarlo o cuantificar los daños. Además, que sirva para diseñar o identificar las medidas o acciones para detener el deterioro actual del medio ambiente en la zona de influencia del Proyecto, revirtiendo esa situación y comenzando a desarrollarlo sistemáticamente.

4.24. Desde el punto de vista de las consideraciones ambientales del Proyecto, es necesario conocer de previo las características de cada uno de los ecosistemas a ser intervenidos, o creados, a lo largo del trazado del Gran Canal, lo cual incluye un inventario, lo más completo posible, de la flora y fauna que contienen, con evaluaciones o determinaciones cualitativas y cuantitativas de las especies más representativas en cada uno de los subsistemas, comunidades o asociaciones biológicas que los conforman.

## D. Ordenamiento Territorial y el Manejo Sostenible de las Cuencas Hidrográficas del Gran Canal

4.25. El ordenamiento territorial al sur de Nicaragua, mediante la restauración de las cuencas hidrográficas de las vertientes atlántica, lacustre y pacífica, se lograría mediante un vigoroso plan de recuperación forestal y control efectivo de la erosión, que no sólo frenaría la destrucción forestal que el país ha venido sufriendo en las últimas décadas, sino que revertiría el uso desordenado e ineficiente del suelo que la expansión pecuaria y la colonización agrícola han propiciado en Nicaragua, incluyendo el sureste del país, donde la vocación es definitivamente forestal por las condiciones especiales de suelo y clima predominantes.

4.26. Con el propósito de asegurar la viabilidad ambiental del Proyecto y garantizar su sostenibilidad en el tiempo, será necesario desarrollar un conjunto de acciones de ordenamiento territorial permanente en las áreas de influencia, que además de compatibles y paralelas, deberán ser más específicas e intensificadas entre mayor sea su proximidad o atingencia a la ruta canalera propuesta y más urgente la necesidad de emprenderlas.

4.27. Es mediante estímulos económicos y la adopción de técnicas sencillas, que se lograría convertir a la población, asentada en el área de influencia del Proyecto, de campesinos de escasos recursos, que queman y talan anualmente los bosques para poder escasamente sobrevivir, en beneficiados productores de servicios ambientales. Estos servicios están ligados a la restauración forestal, producción de agua, control de la erosión, repoblación de la fauna y flora originales, todas ellas actividades concatenadas o derivadas del manejo racional de las cuencas hidrográficas, que garanticen el funcionamiento permanente y la operación sostenible de las actividades canaleras.

4.28. Los procesos de ordenamiento requerirán de estudios previos y detallados sobre las características geofísicas de las subcuencas, sus formas de producción y asentamiento, pero también deberán proponer algunas soluciones para inducir al cambio del uso de la tierra en función de los requerimientos propios del Proyecto y promover interacción y participación entre las autoridades nacionales y locales, proponer compromisos y beneficios esperados por parte de propietarios de fincas, productores y la población asentada en las áreas del Proyecto.

4.29. De hecho, los impactos del Proyecto pueden ser previsibles y cuando sea necesario mitigados. Aquellos que por su naturaleza no pudieran ser corregidos, deberán ser compensados con medidas de manejo territorial en suelos y aguas, de restauración y restitución ecológica, o de conservación de ecosistemas vecinos.

4.30. El mapa de Nicaragua muestra la cobertura forestal en los últimos 60 años, incluyendo la zona por donde se proyecta el trazado del Gran Canal en el Atlántico, y el desarrollo forestal e hídrico de hasta unos 40,000 Km2, cuya proyección se muestra para el año 2040 (Figura 4.1).

4.31. El desarrollo forestal en las cuencas afectadas por el Proyecto puede llevarse a cabo por regeneración natural, bastando solamente controlar en forma permanente la tala y el fuego estacional del bosque, y pagando a los propietarios por el servicio ambiental que significa su vigilancia y control. Si se quiere obtener un valor agregado a este proceso se establecerían plantaciones forestales con propósitos comerciales, aunque este producto requiere algunos años adicionales de desarrollo forestal.

4.32. Tanto para la recuperación forestal por regeneración natural como a través de plantaciones, se ha venido promoviendo mundialmente el Servicio de Captura de Carbono, cada vez más urgente con el fin de paliar los efectos del calentamiento global del planeta. En ciertos casos se ha vendido la capacidad de reducción de carbono por los bosques a razón de US $10.00 la TM (una hectárea de bosque plantado puede llegar a fijar de 5 a 10 TM de carbono por año y algunos árboles de rápido crecimiento pueden fijar entre 8 y 11 TM de carbono por año). En esta escala, la reforestación entera de la cuenca del río Escondido (1,300,000 hectáreas), con especies de variada capacidad de fijación de carbono, podría generar un ingreso de US$ 13 millones de dólares anuales, además del aporte de agua al Gran Canal.

4.33. Se tiene que promover la participación y beneficio de la ciudadanía en el mejoramiento ambiental del territorio, lo cual motivará a los terratenientes y productores locales a desarrollar acciones a favor de la reforestación, condición a la vez para asegurar el funcionamiento del sistema hidrológico y garantía de operatividad permanente del Gran Canal.

## Capítulo V. Aspectos Financieros
### A. Resumen y Supuestos Básicos

5.01. El Gran Canal, se estima, es un proyecto financieramente rentable, aún bajo supuestos de mercado e inversión conservadores, con una tasa interna de retorno (TIR del Proyecto) esperada de aproximadamente 22%. Estos resultados se derivaron del escenario base, en el cual la tarifa ponderada utilizada fue US$13/TM, la demanda proyectada para el primer año de operación representa aproximadamente un 3.9% de la demanda de transporte marítimo mundial con un crecimiento anual de 5.5% los primeros cinco años y 4.5% a partir del sexto año, y partiendo de un volumen de carga de 416 millones de TM en el primer año de operación. Los cálculos se realizaron para un horizonte de 35 años a partir de la firma del Contrato de Concesión o APPP (9 años de estudios, diseño y construcción y 26 años de operación).

5.02. Los supuestos del análisis financiero que se presentan en este capítulo se basan en la información preliminar derivada de las áreas de mercado, ingeniería, medio ambiente, aspectos legales y algunos supuestos iniciales, siendo por lo tanto los cálculos y resultados de carácter preliminar, pero que dan una aproximación razonable sobre la rentabilidad del Proyecto. Las estimaciones pertinentes a costos corresponden a la Ruta No. 3, considerada la más viable.

5.03. Para los efectos del cálculo de la TIR del Proyecto, se supone que el mismo tendrá una estructura financiera neutra, considerando como si se financiara totalmente con recursos propios. Además, no se consideran impuestos sobre las inversiones, no se incorpora valor de rescate de la inversión y los flujos se expresan en US$ de 2006.

**B. Costos de Inversión del Proyecto**

5.04. El costo de inversión estimado para la construcción y puesta en marcha del canal es de unos US$ 18,000 millones, lo cual incluye unos US$300 millones para la realización de estudios de preinversión y diseño durante los tres primeros años y otros US$300 millones para gastos iniciales de estudio, restauración y desarrollo ambiental. En la Tabla 5.1 se muestra un resumen de los costos de inversión.

233

## C. Costos de Operación del Proyecto

5.05. Los costos de operación y mantenimiento del Gran Canal se estiman en aproximadamente $730 millones para el primer año de operación, incluyendo fijos y variables, los cuales se incrementan de acuerdo al aumento del tráfico en el tiempo.

## D. Flujo de Caja y Rentabilidad

5.06. Se estima que el Proyecto generará ingresos suficientes para cubrir sus gastos operativos a partir del primer año de operación. La rentabilidad aproximada del proyecto (TIR) es del 22%. La rentabilidad sobre patrimonio será mayor en línea con la estructura financiera del Proyecto. De los ingresos, el Gobierno de Nicaragua tendrá una participación a determinarse.

## CAPITULO VI: Aspectos Legales

## A. Introducción

6.01. Por su naturaleza e importancia, el desarrollo del Proyecto estaría regulado por un Marco Jurídico especial, incluyendo los aspectos para otorgar en concesión o trabajar por medio de un acuerdo de participación público-privado (APPP) su construcción, financiamiento, operación o prestación de servicios y mantenimiento, incluyendo los estudios de factibilidad y el diseño. Esto incluirá una ley de carácter general y correspondientes reglamentos y contratos.

6.02. El anteproyecto de "Ley de Régimen Jurídico del Gran Canal Interoceánico por Nicaragua" que se ha preparado, armoniza el pleno ejercicio de la soberanía con la necesidad de permitir obtener en los mercados mundiales de capital los fondos requeridos por los inversionistas privados y de contribuir a la factibilidad del proyecto.

6.03. Un estricto control medio ambiental y el impacto positivo de su manejo sostenible estarían asegurados con las recomendaciones de los estudios de impacto ambiental, así como por las atribuciones asignadas al organismo que actuaría como ente supervisor.

6.04. Una política de amistad y apertura a todas las naciones motivará el interés en un proyecto de auténtico servicio público internacional y neutral.

6.05. La transparencia y equidad de los procesos de asignación de la concesión o sobre el APPP, mediante invitación o concurso internacional abierto, facilitarán la participación de importantes grupos de inversionistas privados idóneos.

6.06. La negociación adecuada, bajo reglas claras previamente conocidas, permitirán una relación duradera, respetuosa y de mutuo beneficio, facilitando al Estado incrementar sus ingresos y establecer en el país un proyecto de gran impacto en la vida nacional.

6.07. Se propone que el Proyecto descanse – entre otros - en los siguientes temas de orden general que orientarán la normativa legal:

## B. De la Forma de Operación

6.08. El Gran Canal se considerará de interés nacional. Su construcción, financiamiento, administración, operación, servicios y mantenimiento, por un período de tiempo a negociar dentro del plazo máximo establecido por el anteproyecto de ley, prorrogable y en forma exclusiva, será otorgada por el Estado en concesión a inversionistas privados nacionales o extranjeros o por medio de un APPP (la Operadora). La Concesión no podrá ser otorgada a o el APPP realizado con otro Estado, ni otro Estado podrá participar como socio o similar, ni empresas estatales o del sector público de otro Estado en la Operadora.

## C. Del Manejo Ambiental

6.09. El Gran Canal debe contribuir a la conservación, recuperación y mejoramiento del medio ambiente en Nicaragua. Los planes para su construcción y operación contemplarán acciones y programas de desarrollo y control que beneficien al medio ambiente en Nicaragua.

6.10. El área del Gran Canal y los territorios que influyan en la misma, por su necesaria contribución al suministro de agua, estarán sujetos a un régimen especial para su desarrollo y manejo, de carácter conservacionista.

## D. De la Concesionaria o Parte Privada del APPP (la Operadora)

6.11. La Operadora podrá ser organizada en el extranjero o en Nicaragua y deberá estar dotada de la capacidad legal, gerencial y financiera necesaria para desarrollar el Proyecto. La Concesionaria o APPP deberá ofrecer participación en su capital o en su estructura de recursos propios a inversionistas privados locales y extranjeros. Sus acciones o participaciones no podrán ser vendidas ni transferidas a ningún Estado ni ente estatal o similar.

## E. De la Comisión del Gran Canal

6.12. La negociación, contratación y otorgamiento de la Concesión o del AAPP, será efectuada por el Estado de Nicaragua, a través de La Comisión del Gran Canal (La Comisión), a ser creada por ley, con patrimonio propio y personalidad jurídica, la cual funcionará directamente bajo el ámbito de competencia de la Presidencia de la República, como un ente administrativo descentralizado. Dicha contratación deberá ser ratificada por la Asamblea Nacional. La regulación en su caso, inspección, vigilancia y fiscalización de la operación del Gran Canal, estará a cargo de La Comisión.

6.13. La Comisión tendrá facultades para hacer efectivas y facilitar el cumplimiento de las obligaciones de la Operadora y contará con una organización técnica apropiada para cautelar, en coordinación con las autoridades competentes, la aplicación de las disposiciones de carácter ambiental, financiero, de seguridad, salubridad, comercial, laboral y todas las otras requeridas.

6.14. El Estado de Nicaragua por medio de la Comisión e instituciones del caso, garantizará la seguridad, neutralidad y funcionamiento permanente del Gran Canal, considerando – entre otros – su carácter de servicio público internacional, neutral e ininterrumpido.

**F. De la Concesión o APPP**

6.15. La concesión o APPP se hará mediante concurso, invitación u oferta internacional, con adecuadas garantías de igualdad de oportunidad, transparencia y apertura para los participantes, y aplicando procedimientos especiales establecidos en la ley y reglamentos. Los procedimientos también atenderán criterios de desarrollo, eficiencia y conveniencia para Nicaragua.

6.16. La Comisión fijará los plazos, procedimientos, términos y condiciones, garantías y bases, ya se trate de concurso o de invitación internacional; estableciendo los requerimientos exigibles a los inversionistas interesados, tales como idoneidad, garantías de cumplimiento y de situación financiera, según corresponda.

6.17. El Estado se reservará el derecho de rechazar cualquier propuesta, no incurriendo por ello en ningún tipo de obligación o responsabilidad.

## G. Ingresos para el Estado

6.18. El Estado tendrá como única retribución una participación a establecerse en el contrato correspondiente, equivalente a un porcentaje de los ingresos que se obtengan de la operación y servicios brindados por el Gran Canal, atendiendo a criterios de equidad y justicia, plazo del contrato, rentabilidad esperada y estimado del tiempo de recuperación de la inversión (porcentaje a determinarse).

6.19. De los ingresos generados para el Estado deberá cubrirse el presupuesto de la Comisión.

## H. Exoneraciones

6.20. La Operadora estará libre del pago de todo impuesto, tasa, contribución, servicio fiscal o arbitrio municipal, incluyendo los derechos, aranceles o gravámenes para la importación de bienes y compras locales necesarias para el estudio, diseño, financiamiento construcción, operación o prestaciones de servicios y mantenimiento del Gran Canal.

## I. Jurisdicción Nacional

6.21. Las operaciones del Gran Canal y las actividades derivadas del mismo estarán sometidas a la jurisdicción y leyes de la República de Nicaragua.

6.22. Las diferencias o controversias entre el Estado y la Operadora referentes a la interpretación o aplicación de la ley y contrato correspondientes, podrán someterse a jurisdicción arbitral internacional en las cuales Nicaragua participa. La Operadora deberá renunciar a cualquier reclamación por vía diplomática.

## J. Garantías a la Operadora

6.23. Debe consignarse en la ley que los derechos y obligaciones derivados del correspondiente contrato, son de ineludible cumplimiento y únicamente podrán ser modificados durante la vigencia de los mismos por acuerdo entre las partes. El contrato podrá identificar temas a verificarse de común acuerdo entre las partes posteriormente.

6.24. En ninguna circunstancia el Estado de Nicaragua podrá nacionalizar o expropiar a la Operadora; garantizándole en el contrato el uso y goce exclusivo y la plena administración y operación del Gran Canal de acuerdo a la ley y el mismo contrato.

## Defensa y Seguridad

6.25. La protección, defensa y vigilancia del Gran Canal, así como la seguridad de su navegación, el mantenimiento del orden interno, la seguridad ciudadana y la prevención y persecución del delito en todas las áreas del Gran Canal, corresponderá exclusiva e indelegablemente al Estado de Nicaragua, a través de sus autoridades correspondientes y sus cuerpos armados: el Ejército de Nicaragua y la Policía Nacional. La Operadora incorporará en sus planes de construcción y equipamiento, las instalaciones adecuadas para el cumplimiento de las misiones del Ejército y la Policía, tales como bases, cuarteles o unidades que se definirán conjuntamente en el contrato correspondiente.

## Propiedad de la Ruta

6.26. El Gran Canal y los terrenos aledaños necesarios para su operación serán propiedad del Estado de Nicaragua, quien los entregará en uso a la Operadora, al tenor de lo dispuesto en la ley y contrato correspondiente. Las zonas geográficas que comprende lo anterior, incluirán las aguas marítimas, lacustres y fluviales, así como los espacios marítimos necesarios para el acceso y la plataforma continental adyacente, indispensables para la construcción y operación del Gran Canal.

6.27. Los terrenos de dominio privado que se vean afectados serán expropiados pasando al dominio del

Estado y su indemnización (a determinarse) deberá ser un costo de inversión del proyecto.

**Obligaciones de la Operadora**

6.28. La Operadora tendrá la obligación de realizar los estudios y diseño, así como realizar los trabajos relativos al financiamiento, construcción, operación o prestación de servicios y mantenimiento de las obras en forma cierta y continuada de acuerdo al cronograma físico y financiero previsto en el diseño y plan de ejecución de las obras, conforme al contrato firmado con el estado de Nicaragua. En esto se incluirán los aspectos ambientales.

6.29. La Operadora deberá desarrollar una explotación adecuada del Gran Canal, cumpliendo con las obligaciones que le impongan la ley y el contrato firmado, manteniendo las obras e instalaciones en condiciones apropiadas para su operación sostenible. El incumplimiento podrá traer como consecuencia hasta la revocación del contrato.

6.30. El Estado deberá solicitar apropiada garantía de cumplimiento de los compromisos que asuma la Operadora.

6.31. Al término de contrato o de su prórroga, la Operadora trasladará a favor del Estado, sin obligación de pago, el uso y goce de las obras, construcciones e instalaciones necesarias para la operación, que hubiere efectuado durante la vigencia del Contrato;

cediendo también la propiedad de los bienes inmuebles, muebles y equipos requeridos para el funcionamiento del Gran Canal que fueren de ella u operados en "leasing" o arriendo, para esto último con previo pago o arreglos correspondientes. La transferencia deberá ser en condiciones de operación, libre de gravámenes y de deudas, salvo las previamente aceptadas por el Estado de Nicaragua.

## Régimen Laboral

6.32. La legislación laboral nicaragüense regirá las relaciones de trabajo entre la Operadora y los empleados, trabajadores y funcionarios de la misma.

6.33. La Operadora, sus contratistas y sub-contratistas darán prioridad al empleo de personal nicaragüense, contratándose en el extranjero únicamente al personal que no pueda obtenerse en Nicaragua, con base a las calificaciones del cargo.

## Régimen Especial

6.34. La ruta del Gran Canal y las zonas aledañas que se determinen, serán consideradas como Area de Influencia del Gran Canal, a fin de permitir el tránsito expedito y sin demora de los buques a través del territorio nacional y la operación misma del Gran Canal. Los buques que transiten por el Gran Canal y las cargas, pasajeros y tripulaciones transportados por ellos, estarán exentos de todo tributo, derecho u otro gravamen que apliquen las leyes de Nicaragua, así como de los requerimientos legales de carácter migratorio, excepto aquellos que salgan de o tengan por destino Nicaragua.

6.35. En el Contrato se determinarán las actividades que la Operadora o terceros podrán realizar en el Area de Influencia, así como las regulaciones aplicables para cada una de estas actividades.

## GRAN CANAL INTEROCEÁNICO POR NICARAGUA
**Impacto de Desarrollo del Proyecto a Nivel Nacional**

La realización del Proyecto del Gran Canal es el acelerador que, por su propia naturaleza, contribuiría decisivamente, más que ningún otro factor aisladamente considerado, al desarrollo humano, económico y sostenible de los Nicaragüenses y de Nicaragua, aún antes de entrar en operación.

### Impacto Económico

1. El Gran Canal representaría una inversión de aproximadamente US$ 18,000 millones, en dólares de 2006. También generaría inversión adicional para educación, capacitación técnica especializada, generación de energía renovable (hidroeléctrica, geotérmica, de biomasa, eólica), turismo en general y ecológico, agroindustria, artesanías, comercio, actividades financieras, infraestructura portuaria en lagos y mares, así como infraestructura de carreteras y aeroportuaria en el resto del territorio nacional, centros

de distribución de carga a nivel nacional y regional, registro de buques. Siendo aún temprano el proceso de preparación y análisis del Proyecto para proceder a realizar una cuantificación aproximada de estas inversiones y de su impacto en el desarrollo de Nicaragua, dicha tarea se desarrollaría en las etapas subsiguientes de estudio del mismo.

2. Nicaragua ha mantenido niveles crecientes de empobrecimiento desde hace varios lustros, a pesar del crecimiento obtenido y el enfoque de desarrollo a partir del sector privado, aplicado desde inicios de la década de los años 90. De 1977 a 1990, el Producto Interno Bruto (PIB) del país pasó de US$ 2,240 a US$ 1,516 millones (base 1980), mientras que el PIB por habitante disminuyó de aproximadamente US$ 1,100 a US$ 475 durante el mismo período (actualmente el PIB por habitante para 2005 es de US$ 856, después de un ajuste estadístico a finales de 2003). Desde entonces, la economía se ha venido recuperando, lo cual sin embargo no ha permitido alcanzar los niveles de desarrollo que tenía Nicaragua hace 29 años.

3. Sin el Gran Canal, el PIB global y el PIB per cápita en Nicaragua podrían llegar a unos US$ 8,700 millones y a US$ 1,115, respectivamente, en el año 2018. Para el año 2030, estas cifras llegarían a unos US$ 14,700 millones y a US$ 1,423. Esto conlleva supuestos de difícil logro durante todo el período: el mantenimiento de políticas adecuadas de desarrollo, un crecimiento del PIB de 4.5% anual de manera constante a partir del año 2006 y una tasa de crecimiento de la población

245

disminuyendo de 2.6% en el 2002 a 2.4% por año del 2006 en adelante.

4. La implementación del Proyecto del Gran Canal, tomando su impacto de una manera aislada, permitiría a Nicaragua mejorar las tendencias antes mencionadas de una manera acelerada a partir del año 2010, cuando se podrían estar iniciando los estudios y aun más aceleradamente a partir de 2013, año de inicio de la construcción del Proyecto. Con el Gran Canal, el PIB global y per cápita, aumentarían a unos US$ 18,000 millones y a US$ 2,290 respectivamente para el año 2018, año de conclusión de la construcción del Gran Canal. Debido a que este estudio incluye únicamente el impacto de la inversión del Gran Canal (excluyendo el de otras actividades que seguramente se presentarán) en la economía del país, el PIB presenta una reducción en el año 2019, año de inicio de operación, ya que se ha terminado el efecto multiplicador de la inversión del mismo. Sin embargo, el PIB y el PIB per cápita crecen de nuevo a partir de ese año, sostenidamente, alcanzando US$ 25,549 millones y US$ 2,463, respectivamente, en 2030 (como resultado de la operación del Gran Canal tomada, nuevamente, de manera aislada). Esto significaría un crecimiento anual promedio del PIB de aproximadamente 9% a partir de 2007. La Figuras que se presentan muestran estos resultados, excluyendo el impacto de las inversiones y actividades adicionales que el Gran Canal generaría.

5. El Gran Canal tendría un impacto positivo en la balanza de pagos del país y en la cuenta de capital. El

financiamiento del Proyecto generaría recursos del sector privado externo, provenientes de recursos propios y de los mercados financieros mundiales de largo plazo. El impacto en la cuenta corriente y la cuenta de capital variaría de acuerdo con la etapa del Proyecto, requiriendo de seguimiento continuo. Ello incluiría, además de importaciones y exportaciones, la competitividad nacional, tasa de cambio real y términos de intercambio.

## Impacto Fiscal

Las regalías generadas por el Proyecto mejorarían el perfil de sostenibilidad fiscal, una vez que el mismo comience a operar. Adicionalmente, el Proyecto liberaría recursos para la inversión pública y social (ya que el gobierno dejaría de invertir en infraestructura y en medio ambiente en la zona del Gran Canal, la cual sería financiada por el mismo Proyecto), para invertir en otras zonas y proyectos prioritarios. Los ingresos fiscales a generarse por inversión adicional generada por el Proyecto, se verán en etapas posteriores.

## Impacto Financiero

.....8. La construcción del Gran Canal permitiría un mayor desarrollo del sistema financiero en Nicaragua, tanto por parte de las instituciones nacionales como por la posible participación de instituciones que hoy no están presentes en el país. El sistema financiero nacional podría llegar a nivel de estándares y operaciones internacionales, promoviendo así la diversificación y profundidad financieras y la sana competencia dentro del sistema, contribuyendo significativamente al desarrollo del país. El marco normativo prudencial y la capacidad de supervisión del sistema financiero, tanto desde el punto de vista individual de las instituciones como desde el de estabilidad financiera, serían reforzados y beneficiados.

9. Se espera la instalación de filiales o sucursales de bancos internacionales para facilitar los servicios financieros a todas las partes involucradas en el Proyecto y en relación a inversiones adicionales que el mismo provocaría. Esto podría generar hasta la necesidad de establecer las condiciones apropiadas para instaurar un Centro Financiero Internacional que pueda proveer un nivel adecuado de servicios financieros para un mercado cada más exigente.

10. El Proyecto y otras inversiones y operaciones que se generen, por su magnitud, requerirían de seguimiento de su impacto – entre otros – en estabilidad monetaria y cambiaria, reservas internacionales y sistema de pagos, sobre todo en su parte internacional. Además, el desarrollo de los mercados de capital a nivel nacional y diseño de productos para el mismo y para los mercados mundiales de capital se harían necesarios, incluyendo los aspectos normativos, operativos y de seguimiento.

11. Instituciones como el Banco Central de Nicaragua, la Superintendencia de Bancos y el Ministerio de Hacienda tendrían que participar de diferente forma a

lo largo de las diferentes etapas del Proyecto, en línea con lo antes anotado.

## Otros Impactos en Nicaragua

12. El Gran Canal, además de los impactos positivos antes referidos, traería consigo los siguientes beneficios:

**Aprovechamiento de recursos naturales:** usaría racionalmente recursos naturales no aprovechados, específicamente: la posición geográfica de Nicaragua para los objetivos del Proyecto, así como el territorio nacional en sus elementos de tierra y agua., ésta última, especialmente, desperdiciada y saliendo al mar en grandes cantidades, sin ser utilizada. Además, dotaría a Nicaragua de los elementos para construir puertos internacionales internos en los litorales Atlántico y Pacífico, con los correspondientes beneficios a la producción y exportaciones del país.

**Diversificación:** permitiría el desarrollo de Nicaragua en actividades todavía consideradas como incipientes o con buen margen para mejorar o inexistentes para el país (v.g., permitirle a Nicaragua convertirse de país marítimo a marino; establecer un sistema de registro de buques; otorgar servicios y mantenimiento de buques), todo lo cual conlleva inversiones, empleos, requerimientos y generación de recursos humanos adecuados.

**Ruta de desarrollo:** (i) facilitaría el desarrollo de la riqueza con enfoque social, de la producción, de la educación y de los valores genuinos del género humano, los que constituyen la combinación efectiva para eliminar la pobreza material y espiritual y obtener el desarrollo del país y de sus habitantes; (ii) permitiría una amplia y fuerte base de desarrollo sostenido económico, financiero, político, social, cultural, ambiental, institucional y legal, incluyendo seguridad y aplicabilidad jurídicas; (iii) contribuiría a hacer desaparecer en Nicaragua la infausta cultura de dependencia; (iv) promocionaría y apoyaría la producción e inversión y la creación y fortalecimiento de los mercados de capital y del sistema financiero-bancario; (iv) confirmaría al sector privado como el elemento relevante para el desarrollo, coordinado con el sector público; (v) insertaría al país en el concierto mundial de naciones y en los mercados internacionales, generando un espíritu y clima de desarrollo propicio para invertir, crear empleo productivo en y transformar para bien a Nicaragua, generando un mejor nivel de vida para todos los Nicaragüenses, y (vi) generaría futuro y esperanza a todos los nicaragüenses, con un presente mejor.

## ANEXO 2

## LEY DEL RÉGIMEN JURÍDICO DE EL GRAN CANAL INTEROCEÁNICO DE NICARAGUA Y DE CREACIÓN DE LA AUTORIDAD DE EL GRAN CANAL INTEROCEÁNICO DE NICARAGUA.

**LEY No. 800,** Aprobada el 3 de Julio de 2012

Publicado en La Gaceta No. 128 del 09 de Julio de 2012

El Presidente de la República de Nicaragua

A sus habitantes, Sabed:

Que,

**LA ASAMBLEA NACIONAL**

Ha ordenado la siguiente:

**LEY DEL RÉGIMEN JURÍDICO DE EL GRAN CANAL INTEROCEÁNICO DE NICARAGUA Y DE CREACIÓN DE LA AUTORIDAD DE EL GRAN CANAL INTEROCEÁNICO DE NICARAGUA**

# Capítulo I

## Objeto, Orden Público y Naturaleza

**Artículo 1 Objeto.**

La presente Ley tiene por objeto desarrollar el régimen jurídico de El Gran Canal Interoceánico de Nicaragua y crear la entidad denominada Autoridad de El Gran Canal Interoceánico de Nicaragua, que representará al Estado de la República de Nicaragua en la creación y conformación de una Empresa para la construcción y operación de El Gran Canal de Nicaragua.

**Art. 2 Orden público e interés supremo nacional.**

Para todos los efectos legales se declara de prioridad e interés supremo nacional el proyecto de El Gran Canal de Nicaragua, incluyendo los correspondientes estudios, diseño, construcción y operación. El Gran Canal de Nicaragua constituye un patrimonio de la nación nicaragüense y por su naturaleza tendrá las características de total neutralidad y de servicio público internacional, cuyo funcionamiento no podrá interrumpirse por causa alguna. Las normas que se dictan en la presente Ley son de carácter general y servirán de marco jurídico para los reglamentos que al respecto se expidan, de manera que El Gran Canal Interoceánico de Nicaragua brinde siempre un servicio continuo, eficiente y seguro.

**Art. 3 Naturaleza.**

La Autoridad de El Gran Canal Interoceánico de Nicaragua, tiene autonomía financiera, orgánica, funcional, administrativa y de duración indefinida. En consecuencia, ejercerá libremente la facultad de recibir, custodiar y asignar sus recursos financieros y podrá depositar sus fondos en los bancos que estime conveniente.

Esta entidad como ente rector tendrá la responsabilidad de definir el régimen jurídico y normativo de la Empresa Gran Nacional de El Gran Canal de Nicaragua, y su régimen societario y en virtud de su representación y autoridad, negociar los términos de referencia, la operación y manejo de la nueva entidad, así como la reglamentación y supervisión del uso racional y sostenible de los recursos naturales, la protección del medio ambiente y su biodiversidad en el área geográfica y de influencia y en todo el ámbito donde se construirá la vía interoceánica, dentro del marco de los tratados y convenios Internacionales y la legislación nacional.

La Autoridad de El Gran Canal Interoceánico de Nicaragua no estará sujeta al pago de impuestos, derechos, tasas, cargos, contribuciones o tributos, de carácter nacional o municipal, con excepción de las obligaciones en materia laboral y las tasas por servicios públicos. El Estado de Nicaragua se beneficiará del cincuenta y uno por ciento (51%) de los beneficios netos de la Empresa Gran Nacional de El

Gran Canal de Nicaragua recibidos de la Autoridad de El Gran Canal Interoceánico de Nicaragua.

## Capítulo II

**Definiciones**
**Art. 4 Definiciones.**

Para los fines de esta Ley se entenderá por:

**a) Área geográfica**: Es el que se describirá cartográficamente en el proyecto, con sus fuentes de aguas, superficiales y subterráneas, que estén comprendidas dentro del área del proyecto, así como las que fluyan hacia El Gran Canal Interoceánico de Nicaragua o sean vertidas o dirigidas hacia éste, incluyendo sus embalses y lagos.

El manejo del área geográfica y sus recursos naturales será regulado de manera especial en el reglamento que se emitirá para tal efecto.

**b) Área de influencia**: Es el área geográfica sometida a ordenamiento territorial, inclusive sus tierras, sus bosques y aguas descritas y delimitadas en el proyecto, en la cual únicamente podrán desarrollarse actividades no contaminantes, compatibles con el funcionamiento de El Gran Canal Interoceánico de Nicaragua.

**c) Autoridad de El Gran Canal Interoceánico de Nicaragua**: Es una entidad que representa al Estado de Nicaragua a cargo de supervisar la conservación, mantenimiento, mejoramiento y modernización de El Gran Canal Interoceánico de Nicaragua. Es una persona jurídica de carácter público, constituida y organizada conforme la presente Ley, con patrimonio propio y duración indefinida, con plena capacidad para adquirir derechos y contraer obligaciones y que será el ente encargado de promover, coordinar, supervisar, regular y normar todo lo relacionado al ámbito geográfico que se ocupe en la construcción y operación de El Gran Canal de Nicaragua.

**d) El Gran Canal Interoceánico de Nicaragua**: Que en la presente Ley también se podrá denominar El Gran Canal de Nicaragua, será construido para el tránsito interoceánico de barcos o buques de diferente calado; incluye la vía acuática propiamente dicha, así como sus dársenas, fondeaderos, atracaderos y vías de acceso; tierras y aguas marítimas, lacustres y fluviales, islas, así como la plataforma continental y espacio marítimo, que estén al servicio de El Gran Canal de Nicaragua; también se incluyen esclusas, represas auxiliares, plantas generadoras de energía, diques y estructuras de control de aguas e instalaciones auxiliares o conexas requeridas para la realización de las actividades de El Gran Canal de Nicaragua; así como, todas aquellas actividades y áreas requeridas para proteger el medio ambiente en el área de influencia de El Gran Canal de Nicaragua y todas las actividades económicas y servicios conexos que se realicen en la zona económica y del mismo.

**e) Empresa Gran Nacional de El Gran Canal de Nicaragua:** Persona jurídica de carácter comercial, organizada de conformidad con las disposiciones legales nacionales o internacionales vigentes, con la capacidad necesaria para adquirir derechos y contraer obligaciones, que en la presente ley también se podrá denominar Empresa Gran Nacional de Nicaragua, que construye y opera El Gran Canal de Nicaragua con el permiso y bajo la regulación de la Autoridad de El Gran Canal Interoceánico de Nicaragua.

**f) Servicios conexos:** Son los servicios prestados a los barcos o buques durante la navegación a través de El Gran Canal de Nicaragua que conlleve a su tránsito seguro y la protección del medio marino y los demás servicios relacionados con su operación, tales como las actividades económicas de carácter internacional, bancario, financiero, de seguros, de turismo, de cruceros y comunicaciones submarinas y venta de servicios a buques en tránsito, la carga de trasbordo por los puertos terminales y adyacentes, así como la reparación y mantenimiento de buques, la instalación y operación de una Zona Libre y todas las actividades derivadas de las anteriores o que tengan relación con ellas.

**g) Territorio Indígena y Étnico:** Es el espacio geográfico que cubre la totalidad de hábitat de un grupo de comunidades indígenas o étnicas que conforman una unidad donde se desarrollan, de acuerdo a sus costumbres y tradiciones.

**h) Zona económica:** Es el área aledaña al Canal en que toda obra de infraestructura y actividad económica solo puede realizarse con el permiso y bajo las regulaciones de la Autoridad de El Gran Canal Interoceánico de Nicaragua.

**Capítulo III**

**De la Autoridad de El Gran Canal Interoceánico de Nicaragua**

**Art. 5 Constitución, denominación, domicilio y duración.**

Créase la Autoridad de El Gran Canal Interoceánico de Nicaragua, con personalidad jurídica y patrimonio propio, de duración indefinida y con plena capacidad jurídica para adquirir derechos y contraer obligaciones, de carácter público, organizada conforme la presente Ley, con domicilio legal en la ciudad de Managua, pudiendo establecerse y operar en cualquier parte del territorio nacional.

El patrimonio de la Autoridad de El Gran Canal Interoceánico de Nicaragua, se constituirá por lo que recibirá de los aportes de la concesión otorgada por el Estado Nicaragua, así como colaboraciones y donaciones.

Para el cumplimiento de sus funciones, la Institución, Autoridad de El Gran Canal Interoceánico de

Nicaragua, gozará de autonomía funcional, orgánica, financiera y administrativa, creando las normas de organización y funcionamiento, que le permitan una eficaz promoción, supervisión y fiscalización del patrimonio de la República de Nicaragua en la Empresa Gran Nacional de Nicaragua, así como sus actividades y servicios conexos conforme a las normas constitucionales y legales vigentes.

La Autoridad de El Gran Canal Interoceánico de Nicaragua, se financiará inicialmente, mientras se crea la Empresa Gran Nacional de Nicaragua, con fondos de donación o crédito con cargo a gastos de pre-inversión y deberá negociar con la Empresa Gran Nacional de Nicaragua la asunción posterior de estos, igualmente lo hará, para su presupuesto mientras dure la construcción de la obra de El Gran Canal de Nicaragua, posteriormente a lo cual, se establecerá un cargo porcentual procedente de los ingresos por servicios que se brinden a negociarse con la empresa operadora del canal.

**Art. 6 Objetivos de la Autoridad de El Gran Canal Interoceánico de Nicaragua.**

La Autoridad de El Gran Canal Interoceánico de Nicaragua tendrá como objetivos los siguientes:

a) Promover y crear la Empresa Gran Nacional de Nicaragua;

b) Gestionar y procurar la obtención del capital

inversionista necesario para conformación de ésta;

c) Supervisar todas y cada unas de las fases de estudio, construcción y operación de El Gran Canal de Nicaragua; creando normas y regulaciones que le permitan vigilar y fiscalizar, todo lo concerniente al mismo;

d) Velar permanentemente y en forma especialmente prioritaria por la preservación y protección del Gran Lago de Nicaragua, invaluable activo del patrimonio nacional, implementando las medidas técnicas y ambientalistas necesarias para evitar su contaminación y conservar la potabilidad y sustentabilidad de sus aguas;

e) Cumplir con las disposiciones de la presente Ley y de las demás disposiciones que rijan el funcionamiento de El Gran Canal de Nicaragua.

Así mismo, garantizará, que El Gran Canal de Nicaragua siempre permanezca abierto al tránsito pacífico e ininterrumpido de las naves de todos los Estados del mundo, sin discriminación, de acuerdo con las condiciones y requisitos establecidos en la Constitución Política de la República de Nicaragua, en los tratados internacionales, en esta Ley y en los Reglamentos. Debido al carácter de servicio público internacional que cumple El Gran Canal de Nicaragua, su funcionamiento no podrá interrumpirse por causa alguna.

**Art. 7 Del nombramiento.**

Los ciudadanos que en nombre y representación del Estado de Nicaragua participen como miembros de la Dirección de la Autoridad de El Gran Canal Interoceánico de Nicaragua, serán nombrados por el Presidente de la República.

En el caso del nombramiento del Presidente de la Autoridad de El Gran Canal Interoceánico de Nicaragua, deberá ser ratificado por la Asamblea Nacional previo al ejercicio de su cargo.

La Junta Directiva de esta entidad será nombrada por primera vez por el período que dure la construcción de las obras, siempre que la duración de las mismas sea inferior a diez años.

**Art. 8 Celebración de actos y contratos civiles o comerciales.**

Para la consecución de sus objetivos y finalidades, la institución Autoridad de El Gran Canal Interoceánico de Nicaragua podrá adquirir derechos, ejecutar y celebrar todos los actos y contratos civiles o comerciales que sean necesarios, convenientes, incidentales o conducentes.

La Autoridad de El Gran Canal Interoceánico de Nicaragua deberá contar con una organización técnico administrativa apropiada para el cumplimiento de sus funciones, para lo cual creará su propio reglamento interno, en armonía con el Reglamento de esta Ley.

## Art. 9 Funciones.

Para el cumplimiento de sus fines, la Autoridad de El Gran Canal Interoceánico de Nicaragua tendrá entre otras, las siguientes funciones:

a) Inspeccionar y vigilar la construcción y operaciones de El Gran Canal de Nicaragua y sus servicios conexos;

b) Aprovechar de manera sostenible los recursos naturales en el área de influencia de El Gran Canal de Nicaragua, así como desarrollar de modo planificado, sostenido y ordenado los servicios del mismo;

c) Supervisar e inspeccionar, periódica y sistemáticamente las instalaciones y estructuras de El Gran Canal de Nicaragua, siendo la Empresa Gran Nacional de Nicaragua obligada a rendir los informes que la Autoridad requiera en relación al cumplimiento de sus obligaciones;

d) Resguardar los intereses supremos nacionales del Estado de Nicaragua, representando al mismo en todo lo concerniente a El Gran Canal de Nicaragua;

e) Participar en el establecimiento y regulación de los parámetros técnicos necesarios relacionados con la protección marítima, la navegación, la prevención y el combate a la contaminación del medio marino, a la sanidad y prevención de enfermedades infectocontagiosas y la atención a situaciones de emergencia;

f) Establecer normas y requerimientos, en conjunto con la Empresa Gran Nacional de Nicaragua, de seguridad para la adecuada protección y vigilancia de las instalaciones de El Gran Canal de Nicaragua, coordinando su ejecución con el Ejército de Nicaragua, Policía Nacional y demás instituciones y funcionarios públicos competentes, quienes deberán prestar el auxilio que se les solicite;
g) Participar en la normación, generación, uso y conservación de los recursos hídricos, suelos, las especies de flora y fauna, de la cuenca hidrográfica de El Gran Canal de Nicaragua, supervisando su administración y mantenimiento;

h) Participar en el manejo del área geográfica y de su área de influencia, autorizar las actividades permisibles y prohibir o restringir las actividades incompatibles;

I) Determinar en base a los estudios especializados las propiedades que serán afectadas por la construcción de El Gran Canal de Nicaragua, observando para ello lo establecido en la Constitución Política de la República de Nicaragua y leyes vigentes; y

J) Crear las condiciones requeridas para la preparación técnica y profesional del personal necesario para la construcción y operación de El Gran Canal de

Nicaragua, en coordinación con las universidades y el Ministerio de Educación.

Todo ello sin perjuicio de las demás funciones que se le otorguen en el Reglamento de la presente Ley.

**Capítulo IV**

**Dirección y Administración**

**Art. 10 Dirección.**

La Dirección de la Autoridad de El Gran Canal Interoceánico de Nicaragua, estará a cargo de una Junta Directiva conformada por seis miembros y presidida por un Presidente, con nombramiento de Ministro de Estado; el Ministro del Ambiente y de los Recursos Naturales quien será el Vicepresidente; el Ministro de Hacienda y Crédito Público, quien será el Secretario y tres Directores que serán: el Delegado de la Presidencia de la República en la Comisión para el Desarrollo del Río San Juan, el Delegado Presidencial para la Promoción de Inversiones y Facilitación del Comercio Exterior y el **Secretario para el Desarrollo de la Costa Atlántica de la Presidencia de la República.**

La primera Junta Directiva fungirá conforme lo establecido en la presente Ley y será la representante de las acciones del Estado de Nicaragua en la Empresa Gran Nacional de Nicaragua.

La Junta Directiva de la Autoridad de El Gran Canal Interoceánico de Nicaragua se encargará de aprobar y promover la representación de la Autoridad en sociedades o corporaciones, nacionales o internacionales ya sean privadas, estatales o mixtas y que tenga acciones o en que es miembro.

**Art. 11 Facultades del Presidente de la Junta Directiva.**

El Presidente de la Junta Directiva de la Autoridad de El Gran Canal Interoceánico de Nicaragua tendrá las siguientes facultades:

a) Convocar a las reuniones ordinarias o extraordinarias cuando las necesidades lo requieran o lo solicite cualquiera de sus miembros;

b) Presidir las sesiones, dirigir y moderar el desarrollo de los debates; y

c) En caso de empate tendrá derecho al doble voto.

El Vicepresidente de la Junta Directiva, en las sesiones o reuniones, asumirá las funciones del Presidente en caso de ausencia, inhabilidad o incapacidad de éste.

**Art. 12 Funciones de los Directores de la Junta Directiva.**
Son funciones de los Directores de la Junta Directiva las                                              siguientes:

a) Ejercer el derecho al voto y formular su voto particular, expresando el sentido y los motivos que lo justifican;

b) Formular preguntas y obtener la información necesaria con precisión para cumplir con las funciones asignadas; y

c) Las demás funciones inherentes a su condición y las que establezcan el Reglamento de la presente Ley.

**Art. 13 Sesiones.**

Las sesiones se convocarán por escrito con siete días de anticipación. Habrá quórum con la asistencia de cuatro de sus miembros. Las resoluciones se tomarán por mayoría simple de votos presentes.

**Art. 14 Funciones ejecutivas del Presidente de la Junta Directiva.**

El Presidente tendrá las siguientes funciones ejecutivas:

a) Representar legalmente a la institución con facultades de Apoderado General de Administración, con las limitaciones que la Ley señale, tanto en asuntos judiciales, extrajudiciales y administrativos;

b) Representar a la Autoridad de El Gran Canal Interoceánico de Nicaragua nacional e internacionalmente;

c) Tendrá la potestad de formular propuestas normativas para la Junta Directiva y una vez aprobadas ejecutar las normativas en el área de influencia y zona económica de El Gran Canal de Nicaragua;

d) Ejercer la administración, coordinación y supervisión del funcionamiento de la Institución;

e) Establecer el valor de las tarifas por servicios que se presten, aprobados por la Junta Directiva;

f) Otorgar poderes judiciales y especiales, aprobados por la Junta Directiva;

g) Determinar la estructura administrativa de la Autoridad de El Gran Canal Interoceánico de Nicaragua; y

h) Mantener informado a la Junta Directiva sobre los asuntos que requieran su atención y proponerle las medidas y resoluciones pertinentes para el cumplimiento de las funciones del Consejo Directivo.

Todo ello, sin perjuicio de las demás funciones que se le otorguen en el Reglamento de la presente Ley.

**Capítulo V**

**Obligaciones de la Autoridad de El Gran Canal Interoceánico de Nicaragua**

**Art. 15 Finalidad.**

La Autoridad de El Gran Canal Interoceánico de Nicaragua deberá crear, organizar, estructurar y constituir una empresa mixta de carácter público-privado; ofreciendo y promoviendo en su proyecto de inversión el número de acciones que emitirán, el valor de cada una de ellas y el costo total del proyecto de construcción de El Gran Canal de Nicaragua, reservando para el Estado Nicaragüense el cincuenta y uno por ciento (51%) de las acciones de la Empresa Gran Nacional de Nicaragua, en virtud de ser dueño del ámbito, cumpliendo con las regulaciones establecidas en la presente Ley y en el ordenamiento jurídico del Estado de Nicaragua, garantizando que se cumpla con las normas legales nacionales e internacionales vigentes.

**Art. 16 De las Acciones.**

Las características y derechos específicos, tanto de este grupo de acciones, como las ofrecidas a los potenciales socios, serán objeto de la reglamentación de la presente Ley por el Presidente de la República y de acuerdo a las negociaciones de la Autoridad de El Gran Canal Interoceánico de Nicaragua y los socios.

## Capítulo VI

## De los Permisos de Estudio, Diseño, Construcción y Operación de El Gran Canal Interoceánico de Nicaragua

### Art. 17 Autorización.

La Autoridad de El Gran Canal Interoceánico de Nicaragua en representación del Estado de Nicaragua, queda autorizada a otorgar conforme a las condiciones establecidas en la presente Ley, los permisos necesarios para realizar estudios, diseño, construcción y operación de El Gran Canal de Nicaragua, en coordinación con las autoridades competentes.

### Art. 18. De los permisos.

Los permisos solo podrán otorgarse a una persona jurídica de derecho público o privado, de carácter comercial, nacional, internacional o mixto, con la capacidad necesaria para adquirir derechos y contraer obligaciones, con idoneidad y capacidad gerencial y financiera que corresponda con el proyecto.

### Art. 19 Derechos de exclusividad.

Los permisos pueden conferir derechos exclusivos de construcción y operación de El Gran Canal de Nicaragua incluyendo la investigación de su viabilidad técnica, económica y ambiental, hasta su diseño, construcción, manejo, equipamiento, operación, mantenimiento y mejoramiento.

## Capítulo VII

### De la Gestión Ambiental

### Art. 20 Estudio de impacto ambiental.

Previo a la ejecución del proyecto de El Gran Canal de Nicaragua, la Autoridad creada en la presente Ley deberá asegurar la elaboración de un estudio de impacto ambiental en cumplimiento de las disposiciones y preceptos de protección ambiental estipuladas en las leyes nacionales y en las normas internacionales que sean aplicables.

Se deberá velar especialmente por el cumplimiento de las disposiciones nacionales y acuerdos internacionales sobre tráfico de desechos peligrosos y sustancias toxicas y el Convenio Sobre Pueblos Indígenas y Tribales en Países Independientes, aprobado por Decreto A. N. No. 5934, publicado en La Gaceta, Diario Oficial No. 105 del 6 de mayo del 2010, como requisitos para obtener los permisos correspondientes.

### Art. 21 Protección ambiental.

El desarrollo del proyecto de El Gran Canal de Nicaragua y la operación del mismo, deberá sujetarse a los principios rectores generales de protección ambiental; especialmente se observarán criterios de prevención y de precaución, los cuales implican la adopción de medidas necesarias y cautelares en todas las actividades que pudieran tener efecto en el ambiente, tales como reforestación, conservación de la cuenca hídrica, preservación, conservación y manejo de la flora y la fauna entre otros.

**Art. 22 Manejo ambiental.**

El manejo adecuado de las operaciones de El Gran Canal de Nicaragua deberá contribuir a la conservación, recuperación y mejoramiento del medio ambiente en Nicaragua, incorporando programas de desarrollo y control ambiental de conformidad con lo establecido en la legislación nacional e internacional, los Protocolos, Tratados y Convenciones que Nicaragua haya ratificado.

**Art. 23 Gestión de riesgo.**

La construcción y operación de El Gran Canal de Nicaragua, deberá desarrollarse bajo un estricto proceso de identificación, valoración, análisis, prevención, minimización y corrección a los riesgos que puedan surgir a consecuencia de amenazas de origen natural y la susceptibilidad a recibir daños.

**Art. 24 Cambio climático y variabilidad climática.**

La Autoridad de El Gran Canal Interoceánico de Nicaragua, adoptará entre sus actividades durante el estudio, construcción y operación, el desarrollo de capacidades de adaptación a los peligros derivados del cambio climático futuro, así como aquellos riesgos inducidos por la variabilidad climática. También velará por el cumplimiento de los acuerdos nacionales, regionales e internacionales para el cambio climático, sobre la emisión de gases efecto invernadero relacionado con el tráfico marítimo.

**Art. 25 Régimen especial conservacionista.**

El área de El Gran Canal de Nicaragua, sus cuencas y los territorios que influyan en la misma, por su necesaria contribución al suministro de agua, estarán sometidos a un régimen especial de carácter conservacionista para su manejo, sujetándose al control y fiscalización de las autoridades nacionales correspondientes, con una regulación propia como área especialmente protegida.

**Art. 26 Ordenamiento y manejo sostenible.**

La Empresa garantizará las inversiones requeridas para el ordenamiento y manejo sostenible del territorio, tales como cambios en el uso de los suelos, recuperación forestal, protección de los suelos y construcción de obras e instalaciones que aseguren la recarga de las corrientes y acuíferos del área geográfica de El Gran Canal de Nicaragua.

**Art. 27 Impacto ambiental.**

Los impactos ambientales que por su naturaleza no puedan ser evitados, deberán ser compensados o mitigados mediante programas permanentes de conservación y desarrollo de ecosistemas de las áreas aledañas a El Gran Canal de Nicaragua, asegurando así mismo, la restauración de los ecosistemas que resultaren afectados.

**Art. 28 Obligaciones del permiso ambiental.**

Las obligaciones que se establezcan en los permisos ambientales serán de ineludible cumplimiento a quien se le otorgue. En caso de permisos ambientales sobre Territorios Indígenas afectados, serán consultadas con estos de manera libre, previa e informada, de conformidad con el Convenio de Pueblos Indígenas y Tribales en Países Independientes.

**Capítulo VIII**

**De la Propiedad de la Ruta y del Proceso de Adquisiciones de las Áreas de Dominio Privado y Comunal**

**Art. 29 Dominio público.**

El Gran Canal de Nicaragua y los terrenos aledaños

necesarios para su operación, se declararán propiedad del Estado de Nicaragua.

**Art. 30 Patrimonio de la Nación.**

Las zonas comprendidas en las áreas del ámbito de El Gran Canal de Nicaragua, se considerarán patrimonio de la Nación y por consiguiente son inembargables, no podrán ser vendidas, ni gravadas o destinadas a usos o fines que impidan, perjudique o restrinjan el funcionamiento de El Gran Canal de Nicaragua.

**Art. 31 Utilidad pública.**

Conforme a lo dispuesto en la presente Ley, se declaran de utilidad pública para los efectos de su expropiación, según lo establecido en la Constitución Política de la República de Nicaragua y la Ley de la materia, los bienes inmuebles o derechos sobre dichos inmuebles de propiedad privada o comunal, comprendidos en la descripción de la zona geográfica de construcción de El Gran Canal de Nicaragua.

**Art. 32 Indemnizaciones.**

El pago de las indemnizaciones de las áreas a expropiar serán asumidos por el Estado de Nicaragua y su monto deberá ser pagado conforme lo establecido en la Constitución Política de la República de

Nicaragua y en la ley de la materia, en el plazo estipulado por las partes, en cada uno de los casos, teniendo como plazo máximo diez años.

**Art. 33 Declaratoria**

.

La Autoridad de El Gran Canal Interoceánico de Nicaragua será la única entidad pública facultada para ejecutar las declaraciones de utilidad pública, detallando las áreas afectadas.

**Art. 34 Acuerdos.**

La Autoridad de El Gran Canal Interoceánico de Nicaragua podrá citar a los dueños de las propiedades afectadas a fin de conseguir un avenimiento. De llegarse al avenimiento, se hará constar en Escritura Pública y el Testimonio de la misma se inscribirá en el Registro Público de la Propiedad inmueble correspondiente.

En caso de los territorios indígenas afectados, se procederá de conformidad a sus costumbres ancestrales y en coordinación con los Gobiernos Territoriales Indígenas respectivos.

**Art. 35 Vía judicial.**

En el caso que no hubiere arreglo, la Autoridad de El Gran Canal Interoceánico de Nicaragua, procederá a entablar el juicio correspondiente conforme a la Ley de la materia.

**Art. 36 Beneficios.**

En el ámbito, área de influencia y la zona económica de Nicaragua, la Autoridad de El Gran Canal Interoceánico de Nicaragua realizará obras de desarrollo, mejoramientos civiles y sociales para el beneficio de las comunidades comprendidas en estas áreas. Las autoridades indígenas y étnicas Regionales y Territoriales que se vean afectadas en sus territorios, serán consultadas de manera libre, previa e informada.

**Art. 37 Autorización de estudios.**

Los dueños o poseedores de las propiedades localizadas a lo largo de las rutas posibles, estarán obligados a permitir la realización de los trabajos preliminares para la obtención de datos necesarios o estudios previos a la expropiación, de conformidad con lo establecido por las leyes de la materia.

**Capítulo IX**

**Seguridad y Defensa**

**Art. 38 Seguridad.**

En los planos de construcción y equipamiento, se incorporarán las instalaciones adecuadas para el cumplimiento de las misiones del Ejército de Nicaragua y la Policía Nacional, tales como: unidades, capitanías de puerto, puestos de control de embarcaciones, delegaciones policiales y otras, las cuales se definirán conjuntamente con los mismos; proveyendo a dichas Instituciones de los medios necesarios para su operatividad.

**Art. 39 Defensa.**

La protección marítima, defensa y vigilancia de El Gran Canal de Nicaragua, sus instalaciones físicas, vías de agua y espacios marítimos, así como la seguridad de su navegación libre de interferencias le corresponde en forma exclusiva al Estado de Nicaragua a través del Ejército de Nicaragua.

El mantenimiento del orden interno, la seguridad ciudadana, la prevención y persecución del delito en todas las áreas de El Gran Canal de Nicaragua, le corresponderá en forma exclusiva al Estado de Nicaragua, a través de la Policía Nacional.

**Art. 40 Protección y vigilancia.**

Corresponde a la Autoridad de El Gran Canal Interoceánico de Nicaragua, la responsabilidad primaria de proveer lo necesario para asegurar la adecuada protección y vigilancia de las instalaciones de El Gran Canal de Nicaragua, así como garantizar la navegación segura y libre de interferencias, dictar reglas de acceso a las instalaciones del canal, a sus aguas y riberas, señalar restricciones de uso de tierras y aguas por razones de conveniencia funcional o administrativa y en general, cuidar la seguridad de las personas, naves y bienes que se encuentren bajo su responsabilidad, todo ello en coordinación con las autoridades nacionales competentes.

## Capítulo X

## Zona Económica Especial

### Art. 41 Zona económica especial.

Por su carácter de servicio público internacional, la ruta de El Gran Canal de Nicaragua y las zonas aledañas que se determinen, serán consideradas como zonas económicas y de regímenes especiales, a fin de facilitar el tránsito expedito y sin demora de los barcos a través del territorio nacional y la operación misma de El Gran Canal de Nicaragua.

### Art. 42 Exenciones.

Los buques, cargas, pasajeros y tripulaciones que transiten por El Gran Canal de Nicaragua, estarán exentos de todo tributo, derecho o gravamen por parte del Estado de Nicaragua, estando también exentos los pasajeros y tripulantes de las regulaciones y controles migratorios establecidos, salvo que pretendan ingresar al país.

### Art. 43 Actividades económicas.

La Autoridad de El Gran Canal Interoceánico de Nicaragua determinará las actividades económicas que se podrán realizar en la zona económica especial, así como las regulaciones aplicables para cada una de esas actividades, en coordinación con las autoridades competentes en cada caso.

## Capítulo XI

## Disposiciones transitorias y finales

## Art. 44 Excepción.

Los recursos naturales contenidos en el área geográfica de El Gran Canal de Nicaragua y su área de influencia, quedarán exceptuadas de forma permanente del régimen ordinario como área especialmente protegida.

## Art. 45 Transitorio.

Las concesiones de exploración o de explotación de los recursos naturales o aquellas otorgadas previamente por leyes especiales, que estuvieran superpuestas o coincidan superficialmente con las áreas definidas en el proyecto, podrán ser canceladas mediante la aplicación del procedimiento establecido por Ley, total o parcialmente o limitadas en su aplicación, cuando impliquen procesos incompatibles con el funcionamiento de El Gran Canal Interoceánico de                                                 Nicaragua.

**Art. 46 Derogaciones.**

Se derogan las siguientes disposiciones:

1) Acuerdo Presidencial No. 68-98, publicado en La Gaceta, Diario Oficial No. 63 del 1 de abril del 1998.

2) Acuerdo Presidencial No. 436-99, publicado en La Gaceta, Diario Oficial No. 9 del 13 de enero del 2000.

3) Acuerdo Presidencial No. 160-2002, publicado en La Gaceta, Diario Oficial No. 57 del 22 de marzo del 2002.

4) Anexo No. 1 del Acta No. 6, publicado en La Gaceta, Diario Oficial No. 231 del 5 de diciembre del 2001.

5) Decreto A.N. No. 2878, publicado en La Gaceta, Diario Oficial No. 91 del 16 de mayo del 2001.

6) Decreto A.N. No. 2879, publicado en La Gaceta, Diario Oficial No. 91 del 16 de mayo del 2001.

Por ser esta Ley de orden público e interés nacional, deroga o modifica cualquier Ley o disposición que se le oponga expresa o tácitamente.

**Art. 47 Reglamentación.**

El Poder Ejecutivo dictará el Reglamento de la presente Ley, de conformidad con lo establecido en el numeral 10 del artículo 150 de la Constitución Política de la República de Nicaragua.

**Art. 48 Vigencia**

La presente Ley entrará en vigencia a partir de su publicación en La Gaceta, Diario Oficial.

Dada en la ciudad de Managua, en la Sala de Sesiones de la Asamblea Nacional de la República de Nicaragua, a los tres días del mes de julio del año dos mil doce. **Ing. René Núñez Téllez,** Presidente de la Asamblea Nacional. **Lic. Alba Palacios Benavidez,** Secretaria de la Asamblea Nacional.

Por tanto. Téngase como ley de la República. Publíquese y Ejecútese. Managua, seis de Julio del año dos mil doce. **Daniel Ortega Saavedra,** Presidente de la República de Nicaragua.